創価教育と人間主義

作新学院大学学長
渡邊 弘

第三文明社

はじめに——今、なぜ創価教育か

今から二十七年前の一九九四（平成六）年六月六日に、私の大学時代の恩師である慶應義塾大学名誉教授の村井実先生が、東京・台東区の浅草公会堂で、牧口常三郎創価学会初代会長の生誕百二十三周年記念講演会に招かれ、「創価教育学と教育の未来」と題して講演しました。

そのとき村井先生から、もし時間があるなら一緒に来てはどうかと誘われ、ご一緒させていただきました。私は、そのときの村井先生の牧口創価教育学への高い評価もさることながら、日本の戦時下において自らの実践から独自の理論を構築し、命をかけてその信念を貫き通した、その生きざまに感銘をうけたことが、牧口先生に興味を持った最初でした。

私はこれまで『人間教育の探究』や『人間教育のすすめ』と題した、人間教育について考察した書籍を出版してきました。それは、教育は人間のためという当たり前のことが、果たして現実に行われているかという問題を考えているからです。しかし、洋の東西の教育の歴史を見ますと、その〝当たり前〟という考え方が、実際にはそうではないことに気づくはずです。

西洋でも、ソクラテスやペスタロッチー、あるいはジョン・デューイなど、人間から教育を考えようとした思想家がいましたが、長い歴史のほとんどが国家のため、社会のための教育だったことがわかります。とくに近代国家では政治、経済、産業、軍事などの充実と発展が期待され、教育はそのための手段とされました。一人一人の人間は国家の役に立つためのいわば「原料」としての「人材」と考えられ、国家が描く理想像に向かって特定の知識や技術や振る舞い方などを外部から注入され、いわば「よい製品」を「生産する」という発想の教育が展開されてきています。

日本の近代以降の教育は、まさにその典型といってよいでしょう。近代化を図るために富国強兵・殖産興業を旗印《はたじるし》として、明治以降、教育は国家の近代化の手段となり、学校は国家有為の人材の製造の場と化してきました。それは、〝全国に学校を設けるのは学び手である子どものためではなく国家発展のためである〟という初代文部大臣・森有礼《ありのり》の言葉に象徴されているといえます。

すなわち、この政治主導の「国家のための教育」という考え方が、その後の日本に引き継がれていくことになるわけです。これは、牧口先生の「国民あっての国家であり、個人あっての社会である」(『牧口全集』五：二一四頁)という考え方とは対照的といわなければなりません。

では現在の日本の教育はどうでしょうか。今、さまざまな教育問題が議論され、その都度、審議会や委員会などで対応策が検討されております。しかし、果たして「国家のための教育」から「人間のための教育」へと意識改革やシステム改革が図られているといえるでしょうか。牧口先生も「膏薬《こうやく》張りの対症治療」(『牧口全集』六：二一一頁)と表現されておりましたが、私には、どうも依然として国益を優先したご都合主義的・場当たり的な「国家のための教育」という考え方が続いているようにしか見えません。

「近代教育の過程で、見失われてきたものは何か――それは『人間』の二字であります」(『池田全集』一：五〇四頁)という池田大作ＳＧＩ(創価学会インタナショナル)会長の言葉は、まさに核心をついていると思います。

私は、現在のような国益を優先したご都合主義的・場当たり的な「国家のための教育」を、真の「人間のための教育」へと意識を変革し、システムを変革していくための突破口となるものが、「創価教育」にあると考えています。

二〇二一年二月

渡邊　弘

目次

第二章　新時代を拓く創価教育 ―三代にわたる精神の継承―

第三章　池田大作第三代会長と創価教育の確立

【凡例】

一、牧口常三郎・戸田城聖・池田大作の各全集からの引用・参照箇所は、それぞれ『牧口全集』・『戸田全集』・『池田全集』と示し、その下に巻数：ページ数の順に記した。

一、引用文は原則として原文のとおりに表記し、一部、旧漢字を常用漢字に改めたところがある。

一、引用文中に引用者・編集者による注を付ける際は＝の下に記した。

装幀・本文レイアウト／藤井国敏

【第一章】

牧口常三郎初代会長と『創価教育学体系』

一　生涯

　牧口常三郎（一八七一～一九四四）は、現在、一般的には創価学会の前身である創価教育学会の創始者、あるいは地理学者として知られている。だが、その生涯を知るとき、すぐれた教師および教育学者としての人間像が浮かんでくる。

　牧口常三郎は、明治四（一八七一）年、新潟県刈羽《かりわ》郡荒浜村（現在の新潟県柏崎市荒浜）で生まれた。父は渡辺長松《ちょうまつ》という船乗りであり、彼はその長男で長七《ちょうしち》と名づけられた。この地域は、明治十年頃まではいわし、にしん、鰯粕《にしんかす》（干鰯《ほしか》）の一大産地であったが、海岸砂丘の地で農業で生活することが困難であった。現在は、柏崎刈羽原子力発電所がある。また、明治十年代以降から、最新式の蒸気機関船が就航したり、鉄道が開通したりしたため、北前船《きたまえぶね》が急速に衰退していった。出稼ぎに行った父は北海道で音信不通になってしまう。まもなく長七は、母方の親戚関係であり、村でも裕福であった牧口善太夫・トリの養子となり可愛《かわい》がられた。

やがて十四歳の頃、その地にみなぎる開拓の息吹と発展の可能性を聞かされていた長七は、北海道に向かった。父長松の弟渡辺四郎治《しろうじ》(どのような人か不明)を頼って小樽(函館に次ぐ港町)に渡り、小樽の警察署の給仕として働いた。その仕事振りや人柄の評判がすこぶる良く、署長の森長保に非常に気に入られる。長七は森の家で勉学に没頭し、その非凡ぶりを発揮。明治二十二(一八八九)年、十七歳のときに、小樽郡長でもあった森の推挙により、北海道尋常師範学校に第一種生として推薦入学する。[※1] このとき、長七は教育学の授業でジョホノット[※2]の教育理論に感激したという。

明治二十五(一八九二)年、長七は二｜一歳のとき、教生(教育実習生)として教壇に立った。彼の原稿「四十五年前教生時代の追懐」には、次のように当時のことがつづられている。

「明治廿五年の六月中旬、突然教生を命ぜられた。後期の配当であつたが同級の一人が事故退学の為の補欠としてゞあり、生れて始めて教壇に上つたのであるから、その狼狽《ろうばい》振りは思ひやられる。それでもまあ子供等が云ふことを聞いたものだと、今でも冷汗《ひやあせ》が出る。高等科一年の女生(今の尋常五年相当)受持ちで、一番困つたものは綴方《つづりかた》であつた。

（中略）『何か書け』と命じたが（中略）大部分は鉛筆をなめるだけである。」（『牧口全集』七：四〇九〜四一一頁）

この苦い経験から、工夫を重ねて「文型応用主義」という作文指導法を開発することになった。具体的には、まず市内の「新川《しんかわ》」（明治に作られた人工河川）の題で教師が模範の作文を示し、次に「創成川《そうせい》」（幕末に引かれた水路）の題で教師と児童が一緒に作り、最終的には、「豊平川《とよひら》」（自然の川）の題で児童自身が書くというものであった。すなわち、「身近なものから遠くへ」、そして「読書→書き取り→改作→自由作文」という順序に従って、人間と自然との関係性を重視した方法であった。

明治二十六（一八九三）年、長七は名前を常三郎と改め、この年、師範学校を卒業し、附属小学校の訓導となる。教師生活に入った牧口は複数の学年を合同に教える複式学級（単級教室）を担当し、同時にその研究（単級教授の研究）ならびに地理学の研究を始める。

明治二十八（一八九五）年に、牧口熊太郎の二女クマと結婚する。

明治二十九（一八九六）年には、文部省の中等学校教員検定試験（地理地誌科）に合格し、尋常師範学校・尋常中学校・高等女学校の地理地誌科の教員免許を授与され、翌年北海道師範学校の助教諭と同附属小学校の訓導を兼任することになる。またその頃、『北海道教育週報』に「単級教授の研究」を連載する。さらに明治三十二（一八九九）年七月、二十八歳のとき、北海道師範学校附属小学校主事事務取扱（校長）となる。

ところで、師範学校の教壇に立ち、やがて検定委員などを務めた牧口であったが、彼には大きな目標があった。それは長らく研究をしてきた地理学の研究を一書にまとめることであった。

明治三十四（一九〇一）年、三十九歳の牧口は師範学校教諭兼舎監を退職、北海道時代に書きためた二千枚にも及ぶ地理学の原稿（北海道在任期に発表された論文〈地理教育に関するもの、①明治三十一年六月三十日「地理科教材　本邦貿易港に就《つい》て」、②明治三十二年七月十二日「山と人生」など〉）を持参し、妻子を伴って上京した。その後、地理学者の志賀重昂《しげたか》に『人生地理学』の校閲と批評を依頼したところ、志賀は序文も寄せてくれた。そして明治三十六（一九〇三）年十月十五日に『人生地理学』（文会堂発行・冨山房発売）が出版された。『人生地理学』は、人間を取り囲む自然環境や風土が人間形成に大きく影響しているという視点から、自然の地形から始まり、動物、植物、人類、そして社会、産業、文明の問題に至るまでを記述した大著で、この年三版を重ねた。

この頃牧口は、茗渓会《めいけいかい》(東京高等師範学校同窓会)の書記、雑誌の編纂、中国人向けの学校の弘文学院《こうぶんがくいん》(後に「宏文学院」と改称)の地理科講師、女学校講義録(現在の通信教育の一種)の編纂等の仕事を転々とし、やがて明治四十二(一九〇九)年、三十七歳のとき、東京市富士見尋常小学校首席訓導となった。だが翌年、病気のために小学校を退職、文部省図書課に入り、地理の教科書の編纂の仕事に携わるようになる。なおこの年、郷土研究のために創設された「郷土会」というサロン風の勉強会で柳田国男《やなぎたくにお》、新渡戸稲造《にとべいなぞう》、折口信夫《おりくちしのぶ》らと親交を深めている。

こうした影響を受けて、牧口は大正元(一九一二)年、四十一歳のとき、『教授の統合中心としての郷土科研究』(以文館)を出版している。

翌大正二(一九一三)年には、東盛《とうせい》尋常小学校の第六代校長兼下谷《したや》第一尋常夜学校校長に就任、大正五(一九一六)年には大正尋常小学校初代校長(後に専任)にも就任し、この頃「文型応用主義」や「骨書き主義」などの指導を行いながら、『地理教授の方法及内容の研究』(目黒書店）を出版している。

大正七（一九一八）年、四十六歳のとき、沢柳《さわやなぎ》政太郎《まさたろう》を会長とする教育教授研究会からの依頼で「台湾の地理」と題して研究授業を行い、好評を博した。その授業を参観した沢柳は、「余は十数年間全国の諸学校の実際授業を見たが、今日の如《ごと》き会心《かいしん》の授業を見たことがない。畢《ひっ》竟《きょう》教授法許《ばか》りでなく、地理学の造詣《ぞうけい》の深きに基づく」と述べたという（『牧口全集』六：四五一頁）。またこの年、大正尋常夜学校校長を兼任している。

牧口常三郎創価学会初代会長
©Seikyo Shimbun

だがこの頃、地元の実力者の子弟を特別扱いしなかったことなどの理由で、政治家も暗躍する校長排斥運動が起こってしまい、西町尋常小学校の校長になったものの、わずか六カ月で三笠尋常小学校（夜学校校長兼任）へ移る。

なお、その頃、後に創価学会第二代会長となる戸田甚一《じんいち》（城外、城聖）と出会い、西町小学校の臨時代用教員に採用し、共に三笠小学校へ移っている。

三笠小学校は、貧困家庭のための特殊学校であった。授業料なし、学用品や教材は給与または貸与され、理髪や入浴の施設があるような学校で、牧口は自分の給料から児童のために食べ物を与えたという。

その後、大正十一（一九二二）年、五十歳のとき、「郷土会」のメンバーであった前田多門《たもん》（東京市助役）の仲介で白金《しろかね》尋常小学校の校長に就任した牧口は、やがて研究として結実する創価教育学の実践を国語科や地理の授業で試みていった。なおこの頃、戸田甚一は補習塾（後に「時習学館」に発展）を創設している。

大正十二（一九二三）年には関東大震災が起こり、牧口は子どもたちと一緒に救援物資を集めて被災者に送っている。

昭和三（一九二八）年、牧口は三谷素啓《みたにそけい》（翌年、目白商業学校校長に就任）の紹介で日蓮正宗に入信した。この最大の理由は、彼がそれまで考えてきた人生観、道徳観、世界観に日蓮の考え方が合致したからであったと考えられる。

昭和五（一九三〇）年十一月十八日、五十九歳の牧口は戸田城外と二人で『創価教育学体系』第一巻（以後、昭和九年までに全四巻を出版）を発刊した（書籍発刊をもって「創価教育学会」の設立とされる）。

翌昭和六（一九三一）年二月には、東京帝国大学文学部教育学科の教育学談話会で吉田熊次教授に招かれ、「創価教育学に於ける五問題」と題して講演している。また、同年三月には『創価教育学体系』第二巻を発刊している。

牧口は『創価教育学体系』の中で当時の教育学を「二階から目薬」と批判した（『牧口全集』五：一六頁）。また、「百害あって一利なし」として視学無用論を唱え、さらに教育方法などで文部行政に批判的であった。ゆえに彼には敵も多かった。同年四月十日付をもって、一年後に廃校の決まっていた麻布《あざぶ》新堀《しんぼり》尋常小学校の校長に転任させられたのである。同校は三笠小学校と同じく、貧困家庭の子どもを対象とした学校で、夜学校も併設されていた。牧口が赴任した翌年に同校は廃校。それと同時に、牧口は長年の教員生活から離れたのであった。六十一歳を前にした決断だった。これ以後、彼は創価教育学の普及のために著作や講演活動に専念した。

昭和十二（一九三七）年、六十六歳のとき、『創価教育法の科学的超宗教的実験証明』を刊行し、しだいに教育改革から生活改革、社会改革へ拡大していった。そのときの心境を次のように語っている。

「仏教の極意に基《もとづ》かざれば創価教育法の真の信用は成立《なりた》たず、之《これ》によらざれば教育の革新は到底出来ず。然《しか》らば千百の会議を重ねても、世界平和の実現等は到底出来ないと信ずるからである。」(『牧口全集』八：八七頁)

昭和十四(一九三九)年、「創価教育学会」の第一回総会が東京・麻布で開催され、約六十人が参加した。この頃には犬養毅《いぬかいつよし》や鳩山一郎をはじめ、政界、財界の大物、著名な文化人たちが創価教育学会を支援していた。昭和十六(一九四一)年には機関紙『価値創造』を発刊し、日蓮仏法の教えを根底に、自他共栄の理念に基づく〝大善生活〟を説いた。その一方、この頃より牧口は、「神国日本」の指標である神社公配の「神礼」(天照大神のお札)を公然と批判し、国家神道を大義名分に国家の思想統一を図ろうとする軍部を非難した。そのため、軍部からしだいに目をつけられるようになっていった。

牧口は、「神礼は絶対に受けない」として、その結果、昭和十八（一九四三）年七月、不敬罪および治安維持法違反の容疑により逮捕、連行された。牧口が逮捕された同じ日に、戸田も逮捕された。逮捕後、牧口は一年四カ月にも及ぶ獄中生活を強《し》いられるが、老衰と栄養失調のため昭和十九（一九四四）年十一月十八日、東京拘置所で死亡した。七十三歳であった。

【第一節・注】

※1　第一種生というのは郡区長の推薦によって入学した生徒を指す。「尋常師範学校生徒募集規則　第一種郡区長ノ推挙ニ係ルモノ　第二種直ニ師範学校ニ願出タルモノ」。牧口入学の翌年に校長に就任した山名次郎は福沢諭吉の信奉者で、「社会教育」という言葉を最初に使った人。

※2　東京師範学校ではジョホノット教育理論によって開発主義カリキュラムのあり方が研究された。ジョホノットは、カリキュラムについて「理学ノ課程」（金石学・植物学・動物学・化学・物理学）、「哲学ノ課程」（哲学即人事の学で、地理学・歴史・文学・政治・心理学）、「語学ノ課程」（口頭の使用・作文の使用・古文及修辞）、「数学ノ課程」（算術・幾何・代数・三角術）、「美妙学ノ課程」（図画・唱歌等）の五課程によって編成することを一般原則として打ち立てた。五課程は人間発達の五領域であり、これを調和的に発達させるカリキュラムが提案され、東京師範学校で実施されたのであった。ゼームス・ジョホノット『教育新論』（高嶺秀夫訳、東京茗渓会、一八八五年二月巻之一、一八八五年六月巻之二、一八八六年九月巻之三、一八八六年十一月巻之四）を参照。

二　『創価教育学体系』とその時代

牧口の名著『創価教育学体系』の第一巻が発刊されたのが、昭和五（一九三〇）年十一月十八日である。これを契機に創価教育学会が創立されたわけであり、その意味で『人生地理学』と並んで創価学会の原点の書といえるであろう。

当時の状況は、しだいに大正時代のデモクラティックな雰囲気は一変し、大正末期の悪法として名高い治安維持法による思想統制や経済不況、さらにはまもなくおとずれる軍国主義の時代の足音が聞こえはじめた頃である。教育の歴史においても、児童中心主義を特徴とした大正自由教育運動がしだいに衰退してきた時期であり、とくに昭和八（一九三三）年はさまざまな教員の検挙事件が起こり、学校から自由の灯が消えた年といわれる。

こうした時期に牧口が『創価教育学体系』を著したこと自体、意義深いことだといえる。その意義とは、いわば当時の大正自由教育運動のブルジョア的傾向を持つものに迎合・協調することなく、むしろその思想的欠陥を鋭く批判しながら、自らの実践経験から独自の教育学理論を構築していったところにあるといってよいであろう。すなわち、牧口の視点は、学びたくとも学べない子どもたちに向けられていたのである。そこに牧口の慈愛に満ちたやさしさに貫かれた教育学があるということである。

だが、その卓越したすぐれた著作にもかかわらず、当時はなかなか受け入れられなかった。その点について、牧口自身も『創価教育学体系』の中で次のように述べている。

「『小学校長風情が教育学なんどゝ、世界的大哲学者でも容易に企《くわだ》てないことを……烏《お》滸《こ》がましくはないか、生意気千万な。』とは、傲然《ごうぜん》と（＝教育学を）己れが縄張りとして居る学者側よりは、却《かえ》つて同業者仲間（＝としての先生方）の冷笑ではなからうか。」（『牧口全集』五：三五頁）

まさに世間の風潮はそのとおりだったのであろう。したがって必然的に、せっかく創価教育学が出現しても、久しく教育学として注目されなかった。こうしたあり方を、おかしいと思わなかったところに、当時の教育学の根本的な歪《ゆが》みがあったといわなければならない。

こうした時代の壁ともいうべきものが、牧口の前に立ちはだかっていたが、それにもかかわらず牧口は当時の教育学と教育のあり方の問題を、勇《ゆう》を鼓《こ》して強く批判していった。その批判自体が現代から見ても、きわめて的確な批判であるといえる。

まず教育学については、現場にはほとんど役立たないものであるという意味で、「二階から目薬」と表現している。

「綺羅星《きらほし》の如き多くの哲学的教育学は吾々《われわれ》の教育生活には、二階から目薬の様なものであることが吾々の如き者に対して許《ばか》りでないことは、明治大正に於ける教育の実際が一つとしてこれ等の支持をうけてゐないことでも明かである。」（『牧口全集』六：九五頁。傍点引用者）

牧口は、学者という学者が西洋からの教育学を翻訳し、それをそのまま現場に演繹《えんえき》的に下ろそうとするが、それは上層だけのことであり、現場には何ら関係なく行われ、現場における多数の経験から帰納的に理論を創ろうとはしていないというのである。

これは、ある意味で現在の教育学研究にも当てはまることかもしれない。現在は、「〜教育」あるいは「〜教育学」など多岐に分化し、現場には役立たない観念的なものであり、その全体的な構造が見出《みいだ》せない状態にいるといってもよい。そうした中で、近年、実践経験から理論を統合的に構築していこうとする「教育人間学」とか「ホリスティック教育学」といった教育学が登場してきたのも至極当然といえる。その意味からすれば、すでに牧口が、実践から理論へという方向から創価教育学を構築したことは画期的なことといえよう。

一方、当時の教育のあり方についても、牧口はさまざまな角度から批判している。牧口は、当時の教育をまとめて「教育中毒」と表現しているが（同前、三八四頁）、その具体的な内容は、明治以来の詰め込み主義（注入主義）、画一主義、そして放任主義であるとして、次のように批判している。

「依然として、小学から大学まで、役に立たぬ知識の屑《くず》を無暗矢鱈《むやみやたら》に詰め込むといふ、記憶本位の注入主義が横行して居るのを如何《いかん》とすることも出来ずに、傍観の姿にあるのは慨歎《がいたん》の至りではないか。」（『牧口全集』五：一一七〜一一八頁）

「劃一（画一）主義といふ語で表はされて居る行政制度の如きは、国家の中枢機関たる中央政府が一々干渉して、却つて地方の実情を顧《かえり》みないのみならず、それが為めに却つて他の重要なる政務を怠《おこた》るの結果に陥《おちい》り、国家繁栄の途《みち》ではない。」（同前、一六三頁）

「従来の教育では、知識を注入しておきさへすれば、入用の際は勝手にそれを利用するであらうから、構はんでもよいと考へて居た。これは農家が下種《げしゅ》しておきさへすれば、自然と生長して、立派に花も咲き実も結ぶと思ふのと同様の見解で、これほど浅はかな考《かんがえ》はない。放任主義の自然教育として、真先きに改めなければならぬことと余《よ》が叫ぶ所以《ゆえん》である。」（『牧口全集』六：二八六頁）

このような内容からもわかるとおり、牧口は単に注入主義だけを批判しているのではなく、その対極にある放任主義をも批判していることがわかる。

しかも牧口は、単なる応急措置的な教育対策ではなく、「根柢的全体的要求に基づく教育の本質に鑑《かんが》みたる政策を樹立すべき機会ではないか」（同前、一〇九頁）と述べ、続いて、「社会の実相よりすると共に、教育の本質から打算して決定すること」（同前）こそ大切であると訴えている。まさにこれは、教育の王道を歩んでいこうとする崇高なる姿勢といってよいであろう。

その上で牧口は、教育の対象はあくまで「児童」であり、教育学の対象は現実の「教育活動の事実」と述べている（『牧口全集』五：六九頁）。すなわち、教育のスタートは、対象である子どもをどう見るかという子ども観、ひいては人間観からということであり、教育学はまず、現実の教育問題を認識することからということである。それが牧口の「国民あっての国家であり、個人あっての社会」という考え方につながっていくと考える。

では、牧口は「教育の本質」をどう考えていたのか。すなわち、教育の本質を「創価教育」という中にどのように見出していったのだろうか。その特徴を次に考えてみたい。

三 「創価教育学」の意味と目的

(1)「創価教育学」の意味

牧口の代表作『創価教育学体系』は、創価教育あるいは創価教育学について、長年の教育実践と教育についての思索を集大成したものである。では、創価教育学とは一体どのようなものであったのか。また、そこにどのような人間教育論の特徴が見られるのか考えてみたい。

「創価教育学とは人生の目的たる価値を創造し得る人材を養成する方法の知識体系を意味する。人間には物質を創造する力はない。吾々が創造し得るものは価値のみである。所謂《いわゆる》価値ある人格とは価値創造力の豊かなるものを意味する。この人格の価値を高めんとするのが教育の目的で、此の目的を達成する適当な手段を闡明《せんめい》せんとするのが創価教育学の期する所である。」(『牧口全集』五:一三頁)

これは、創価教育学について定義した『創価教育学体系』第一章緒論の冒頭文である。まず、人間教育の視点から、ここで注目すべき点が二つある。一つは人間のとらえ方である。つまり、「価値創造力の豊かなるもの」という人間の観方であり、もう一つは教育とは価値を創造し得る人間を育成していくことであるという考え方である。

文字どおり「創価」とは、価値を創造するという意味であり、教育はそうした価値創造のできる人間の育成と考えられていたのである。では、ここで牧口の述べる「価値」とは具体的にはどのような意味内容であったのか。

牧口は「価値」と「真理」あるいは「真」を厳密に区別している。「真理」とは、牧口によれば人間の恣意《しい》・私情・条件にかかわりなく厳然と存在するものであり、人間にとって有用だとかは一切関係がないものである。とくに牧口の価値論の特質の一つは、「真」に代わって「利」を価値とした点にあると考えられる。この「利」と「善」「美」の三価値をもって価値の根幹としたのである（同前、二一三〜二三八頁）。

「利」とは、価値の対象が「私」（評価する主体）にとってためになり、便利で、利益をもたらすことのできるもの、一般的には経済的価値といわれるものである。言い換えれば、「利」

は個人の全体的生命に直接影響するので、「個体的全人的価値」と呼べる。牧口はとくにこの「利」に重きを置き、あらゆる価値（美も善も）は、その根底に「利」の性質を備えているとした。

「美」とは、文字どおり感覚器官を媒介に感じる美醜に関係のあるもので、歎美《たんび》し、崇敬《すうけい》し、服従したくなるような、対象との関係をもたらすことのできるものである。これは直接的に全体の生命にはかかわらないので、「部分的生命に関する感覚的価値」と呼ばれる（同前、三二五頁）。

また「善」とは、対象が「善」という名に値し、自己に有害でない限りそれを愛し尊敬するものに向けられる。これは「利」とはむしろ反対に、個人に対してだけでなく社会全体に向けられるので、「団体的生命に関する社会的価値」と呼ばれる（同前、三二六頁）。

牧口は、これらの価値の相互の関係性を、主体の客体に対する関係の力から理解した。一つの対象物はある者にとっては「利」の価値があるし、また別の者にとっては「美」や「善」の価値があると考えられる。つまり、利や美や善の価値は、客体の性質ではなく、その性質に対応する主体の側の条件によって決まるのである。

その上で、彼は価値の創造について述べている。牧口によれば、「創造」とは人々が自然的、社会的な環境を評価し、これに働きかけて、生活にとって、主体にとって有用・有益な物や状態を創り出したり、見出したり、さらにその有用性を増加させたり、促進することであった。つまり、生活主体と環境との間において、生存（生命）にとって有用な関係を創出し、増大させることである。たとえば、乱雑な部屋を掃除すること、困っている人を助けること、川をせき止めてダムを造ることなど、日常生活に密着し、人間的な視点に立って、実践的に生み出されるのが、価値の創造なのである。

(2)「創価教育学」の目的

では、そのような創価教育学の目的とすることは何であったのだろうか。それは次の二つの引用文からうかがうことができる。

「教育は人間が人間を養成するので、教育の目的も人間の目的と背反《はいはん》して存在し得る筈《はず》がない。当然教育の目的は人間の目的より決定されるべき性質のものであり、人生の目

的に包含されるべきものでなければならぬ。」（同前、一五四頁）

「教育の目的たるべき文化生活の円満なる遂行を、如実に言ひ表はす語は幸福以外にはないであらう。これは吾々が数十年来の経験からも思索からも、これこそ総《すべ》ての人の希望する人生の目的を最も現実的に、率直に表現したもので、而《し》かも妥当なるものであると信ずるのである。即ち被教育者をして幸福なる生活を遂げしめる様に指導するのが教育である。」（同前、一二四頁。傍点引用者）

牧口によれば、まず教育の目的はあくまで人間の目的によって決定されるものであるということである。では人間の目的とは何か。それを牧口は「幸福」という言葉で表現している。教育とは人間個々の価値の創造への手助けであるが、この価値の創造こそがすなわち幸福である。つまり、価値の創造なくして、幸福はありえないと考えるのである。

さらに牧口は幸福をどのようにとらえていたのだろうか。まず第一は、財産があることがすなわち幸福ではないということである。牧口は「遺産は相続することが出来るが、幸福は相続する事は出来ぬ」というノーベルの言葉を引用し、財産や物質的繁栄のあくなき追求は結果として人間を疲弊させ、むしろ彼を真の幸福から遠ざけていくものであることを述べている（同前、一三一〜一三二頁）。彼は、二十世紀初頭の私有財産制度を基礎とした産業資本主義社会をも、この視点より批判的にとらえている。また牧口は、人間にとって健康が幸福の第一条件であることは異論のないところであり幸福の前提となるが、それがすべてではないと述べている。なぜなら、健康な身体に恵まれながら、幾多の不幸に苛《さいな》まれている人間は数多く存在するからである（同前、一三九頁参照）。

このように、幸福概念を模索する牧口の目は、さらに全体として「社会」に向けられていく。つまり、真の幸福は主観の世界や個人的生活の中には存しない。たとえば、いくら巨万の富を有する者でも、近隣や周囲の人々とまったく没交渉であり、外敵の侵入にいつも脅《おび》え、塀を高くして、警備を雇い、警戒するような状況では、およそ幸福とはいいがたい。

そこで牧口は次のように述べる。

「従つて真の幸福は、社会の一員として公衆と苦楽を共《ぐう》するのでなければ得る能《あたわ》ざるも

のであり、真の幸福の概念の中には、どうしても円満なる社会生活といふことが欠くべからざる要素をなす」（同前、一三一頁）

牧口にとって、この「社会」という考えは重要であった。人間は決して個人一人で生活、生存することなどできず、社会とのかかわりの中で、そして常にその恩恵に浴しながら生きることができるのである。したがって、その社会に感謝し、今度は社会道徳、公徳のために自らが何かを成していくことこそが、人間自身の真の幸福実現への道にほかならないし、教育の目的でもあるのだ。

四　「創価教育学」の理論的特徴

（1）人間観

創価教育学の理論的特徴を考えるにあたり、その人間観の特徴から見ていくことにしたい。

前節でも紹介したように、『創価教育学体系』で牧口は、人間について、あるいは子どもについて、さまざまな表現をしている。その中でも、とくに象徴的な言葉の一つが「価値ある人格とは価値創造力の豊かなるもの」という言葉である（『牧口全集』五：一三頁）。これに関して、また別に次のようにも表現している。

「人間は自然の力及び物質を増減することは出来ない。けれどもそれを支配して価値を創造することは出来る。独創といひ発明といふのはこれを意味する。」（同前、一九六頁）

では、ここでいう「価値」あるいは「創造」とはどのようなことだろうか。牧口は、「利」「善」「美」の三価値をもって価値論の根幹とした。また、価値を価値たらしめているものは「生命」であるとして次のように述べている。

「人間の生命の伸縮に関係のない性質のものには価値は生じない。故に価値を人間の生命と対象の関係性といふ。」（同前、一九三頁）

すなわち、人間の生命にとってプラスになるものは「有価値」であり、マイナスになるものを「反価値」と呼んでいる。この考え方はきわめて合理的であるとともに、スケールの大きい価値のとらえ方であるといわなければならない。

一方、「創造」について、牧口は次のように説明している。

「創造とは即ち自然の存在の中から人生に対する関係性を見出して之れを評価し更に人力を加へて其の関係性を特に増加することである。」（同前、二二〇頁）

これを先の「価値」とあわせて「価値創造」の意味を私なりに解釈すると、「個体的全人的価値」としての「利」、「部分的生命に関する感覚的価値」としての「美」、そして「団体的生命に関する社会的価値」としての「善」という三つの価値を、それぞれ人間の生命との関係性でプラスになるかあるいはマイナスになるかを評価しながら、むしろプラスのもの、すなわち有価値を増加させていくことと考えられる。

こうした「価値創造力の豊かなるもの」としての人間というとらえ方とあわせて、牧口は社会生活の中における人間というとらえ方をして、それについて具体的に次のように述べている。

「私生活許《ばか》りを意識して、一向公生活の恩恵を意識せずに暮《くら》して居るものが多い。従って権利だけは遠慮なく主張はするが、義務に就《つい》ては全く無頓着に暮して居る。その者を教育して公生活即ち社会生活を意識せしめ、之に順応して自他共に、個人と全体との、共存共栄を為し得る人格に引き上げんとするのが教育である。」（同前、一四三頁）

このように牧口は、「価値創造者」としての独立した個人的存在としての人間と、「社会生活者」として公共において共存共栄を図る人間という両面から、人間をとらえていることがわかる。

こうした人間の生きる人生の目的とは何か、先にも述べたように、それを牧口は「幸福」と表現している。「幸福」とは、「万人共通の生活目的」（同前、一二一頁）であって、「これ以外に表現の仕様がない」（同前）ものであり、また「利己主義の幸福ではなくて（中略）社会と共存共栄でなくては」ならないと説明している（同前、一二九頁）。

前述のように、著書ではノーベルの言葉「遺産は相続することが出来るが、幸福は相続する事は出来ぬ」（同前、一三一頁）を引用している。したがって、人生とはまさにこの幸福をめざしての「価値創造の過程」（同前、二二四頁）と、きわめて重要な指摘をしている。この考え方は、人間の生活を基盤としてとらえ、子どもの「成長」のプロセスを重視して教育を考えていた『民主主義と教育』の著者ジョン・デューイの考え方に近いものと考えられる。

（2）教育の目的観

以上のような人間観に立って、では教育の目的について牧口はどのように考えていたのだろうか。それは、先の牧口の人間観の内容から自《おの》ずと導き出されてくると考えられる。すなわち、万人の生活目的である「幸福」をめざして価値創造していく過程という考え方は、教育の目的とも一致するということになる。したがって、牧口は『創価教育学体系』の中でくり返し、「教育の目的は人生の目的と一致する」（同前、九一頁・一一一頁。趣旨）と述べている。

その上で、「教育の目的は被教育者の価値創造の能力を涵養《かんよう》するにあり」と指摘している（同前、一九二頁）。また、別に次のようにも表現している。

「被教育者の生長発展を幸福なる生活の中に終始せしめんとするのでなければならぬ。ヂヨン・ヂユイー《ジョン・デューイ》氏が『生活のために、生活に於て、生活によつて』というたのは吾々教育者の味《あじわ》ふべき語である。」（同前、一二四頁）

「教育は児童に幸福なる生活をなさしめるのを目的とする。」（同前、一三〇頁）

では、ここでいう「幸福なる生活」とは一体どのようなことなのだろうか。それは「価値を遺憾なく獲得し実現した生活」（同前、二二五頁）ということになる。さらにそれはどのようなことか。牧口は次のように説明している。

「（＝各人が生きている場所の総体としての）郷土といふ自然と社会との環境に調和して生

活することによって価値を獲得し、然《しか》る上に独特の個性に応じた利・善・美の何《いず》れかの価値を創造して生活し、それによって社会の文化に貢献し、以て無意識ながらも、世に生れた本懐を遂げたことを満足するものである。」(『牧口全集』六：三八五頁)

以上が、牧口の教育の目的についての考え方の特徴である。

(3) 教師観

では、以上のような創価教育を実現していくために、教師とはどのような存在であり、どうあるべきと牧口は論じているのだろうか。『創価教育学体系』のとくに後半で最も牧口が強調しているのが、この教師論である。それだけ、教師の役割および資質などの教育上における重要性を、自らの経験から感じていたと推測する。

まず、当時の教師の問題について、牧口は「機械代りの教育者」と風刺し、教育学などというものは外国語のできる学者がやってくれるし、現場の教師は文部省の決めた教育法規と教授要旨と国定教科書を後生大切に守っていきさえすればよいというのは、機械のような生活ではないかと痛烈に批判している（『牧口全集』五：三六頁）。また、できあがった物を食べさせるところの「給仕人」にも喩《たと》えて批判している（『牧口全集』六：四八頁）。おそらく、そこには価値創造の生活はないと牧口は考えていたのであろう。

では、そうした教師とは対照的な、牧口が考える教師の資質とはどのようなものだったのだろうか。

最も特徴的な資質が「慈愛心」あるいは「母性」ということである。一般的な言葉でいえば、「やさしさ」ということになるかもしれない。実は、牧口の著したものの中のいたるところに、この「慈愛の心」が見られるのである。その原型として顕著に表れているのが、牧口が北海道尋常師範学校附属小学校の訓導時代、二十五歳の若さで執筆を始めた「単級教授の研究」（一八九七～九八）である。単級教室とは現在の「複式学級」を指す。まさにそこはやさしさに包まれた学校だったようである。この文章の中で「慈愛の一点」「慈愛熱情」「教師の慈顔」などの言葉が見られる（『牧口全集』七：一八三～一八四頁）。当時の牧口には、吹雪の日に幼い生徒を背負って家まで送ってあげたことや、あかぎれの子の手をお湯で洗ってあげたことなど、やさしさに満ちたエピソードが数多くある。また、牧口はやさしさを「母性」という言葉で表現し、それが教師の原点であり、教育改造の原動力であるとして、次のように論じている。

「母性は本来の教育者であり、未来に於ける理想社会の建設者であり、教師は寧《むし》ろその代理的分業者といふべきである。乃《すなわ》ち教育改造の原動力は其処《そこ》に在らねばならぬ。」(『牧口全集』六：一四頁)

なお、『創価教育学体系』を読んでいく中でとくに感じたことであるが、牧口は「円満」という言葉をよく使う。たとえば「円満なる発育」「円満なる社会生活」「家庭円満」などであるが、もともと「円満」とは仏教用語で、功徳などが十分に満ち足りていること、人柄・社会・物事のやり方などが角立たないで穏やかな状態を意味した言葉である。

こうした「慈愛」「母性」「円満」などの言葉からも、牧口の人間へのやさしさが十分理解できる。

さて、第二の教師の資質として指摘している注目すべき点は、「謙遜」という言葉である。

これからの教育において、教師は認識力や評価力を働かせて子どもたちの価値創造力の発揮に努めなければならず、そのために「謙遜」が大切であると牧口は主張している。もともと「謙」とは「へりくだる」「つつしむ」という意味であり、「尊敬」の「敬」と同じような意味である。つまり牧口は、この「謙遜」という言葉によって、人間に対する知の奢《おご》りや思い上がりに対して警告を発したのであり、それは教師の場合とりわけ重要であるという考えを持っていたと考えられる。すなわち、それは常に「不完全さ」を自覚し、教師自身も価値創造を行っていく存在であることを認識することが大切であるということである。

では、教師の役割とは基本的にどのようなことなのか、それについて牧口は次のように論じている。

「幸福なる生活を遂行し得る様に指導するのが、教育の本当の任務であることが解《わか》ったならば、教師は飽くまでも、自らの地位を自覚し謙遜して、側面よりの被教育者の補助者、誘導者、産婆役として、被教育者自身がなす活動の幇《ほうじょ》助者たることを忘れてはならぬ。」（同前、五四頁）

このように、教師は傍《かたわ》らから学習者を手助けする「補助者」や「誘導者」「産婆役」であると指摘している。「助」には「励まし成し遂げさせる」や「増進させる」「活発化させる」という意味があり、基本的に学び手の立場を尊重した言葉であるといえよう。これも「価値創造力」を潜在的に備えた人間ととらえる牧口の人間信頼から生まれた表現と理解できる。

もう一つの教師の役割として特徴的な考え方は、次の文章によく表れている。

「教師の本務は知識の小売よりも、より重大なる知識することの指導にあることを諦《あきらか》に知らねばならぬ」(同前、二四四頁)

「知識する」とは、すなわち学ぶ側が「理解する」「認識する」ということである。つまり、単に知識の意味がわからなくともそのまま頭に詰め込むということではなく、なぜそうなのかといった考える、あるいは問う働きがそこにはあるということである。言い換えれば、牧口は教師の本務を「考えさせる」こととととらえていたのではないかと考えられる。別な箇所でも、「知識といふ名前で表はされて居る真理若《も》しくは道徳を、人生に応用して価値を創造する力の啓培《けいばい》を図ることである。」（同前、二四七頁）と述べており、知識を人間が生活していく上でいかに意味のあるものにしていくか、創造していくかを考えることの大切さを論じている。

以上、牧口が考案した「創価教育」の理論的特徴を、「人間観」「教育の目的観」「教師観」を中心に、その主な点を見てきた。これらの中にもすでに現代的意義や先見性が見出せるが、さらに創価教育の先見性と現代的意義について、具体的な内容を掲示しながら見ていくことにしたい。

五　牧口常三郎の教育思想に見る先見性と現代的意義

(1) 半日学校制度論

半日学校制度の趣旨を一言で述べれば、学習と生活の一体化ということができるであろう。

すなわち、生活しながら学習することであり、学習生活と実際生活を並行させつつ、一生を通じ修養に努めるようにすることを意味する。ちなみに「修養」とは、自らの素地を耕すことであり、英語の「cultivate」にあたる。

だが牧口は、「今日の学校教育なるものは全く労務生活の回避法の一つであると云つても決して過言ではないと思ひます。」(『牧口全集』六：二一一頁)と、その問題点を指摘している。その上で自らの考えを次のように述べている。

「小学校より大学まで又はそれ以後の成人教育の時期までも、普通教育と専門教育との並行的修養をなさしめるのを人生の常態とし義務とし、以て身心両全の生活を営ましめんとするのである。」(同前、二一〇頁)

このように牧口は、成人教育の時期まで学習と生活とを一体化していくことの大切さを「並行的修養」と呼び、生涯にわたって学び続けるいわば「学修者」として人間をとらえている。この一生涯にわたって並行的に行われるべきであるという牧口の考え方は、きわめて先見性のあるものといってよいであろう。いわばこの牧口の生涯学習論は、日本で一九七〇年代以降に行政主導で展開された生涯教育（生涯学習）とは異なり、生涯教育が世界で打ち出された一九四九年のユネスコの考え方の本質論に近いものであったといえる。

もともと現在の生涯教育は、一九四九年デンマークで行われたユネスコ主催の第一回世界成人教育会議に由来している。そこでは、従来の学校教育中心の制度的枠組みではおろそかにされがちな人々（幼児、女性、障害者など）について、その教育の機会をどう開拓し保障するかという問題が議論された。

やがて、ポール・ラングランによってユネスコ事業計画の中に初めて「生涯教育（l'education permenante、life-long integrated education）」という理念が掲げられることになった。ラングランは、次のように述べている。

「人間がもしも生涯を通じて学習したり自己教育を続けたりすることができるだけでなく、そうすべきであるとするならば、子どものときにその頭脳に過重な負担をかける理由はなくなってくる。このような展望にたって考えてみると、学校の役割というものは完全に変化することになる。」(ポール・ラングラン「生涯教育の展望」、アーノルド・S・M・ヒーリー『現代の成人教育――その思想と社会的背景』所収、諸岡和房訳、日本放送出版協会、一九七二年、二六一頁)

以上のような考え方が、すでに一九三〇年代に牧口によって提唱されていたということ、しかも半日学校制度として具体的に提示されていたということは驚くべきことである。すなわち牧口は、生涯にわたって「学習を生活の準備とするのではなく、生活をしながら学習する」ことを訴えているのである(『牧口全集』六:二二二頁)。

半日学校制度論には、このような生涯教育という視点からの先見性と現代的意義があるわけだが、他にもいくつかの点で先見性と現代的意義が見られる。

その第一は、学習の習慣と勤労の習慣との並行論である。牧口は著書の中で、勉強はできても実際には役立たないような「怠惰者」「神経衰弱患者」が増えていると述べ(同前、二一三頁)、子ども時代から学習の習慣と勤労の習慣を並行して備えることにより、心身の健全なる発達成長というものをめざしていた。半日学校制度はまさに半日を学校で学び、あと半日を家事や奉仕的活動などを行うことであり、体育などもこの勤労に有効であろうとも述べている。現在の学校でも、体験活動やボランティア活動などが重視されているが、こうした活動の意義を先取りしていたといってよいであろう。

第二は、先の教師観でも述べた慈悲の心・母性による学習者へのやさしいまなざしである。まず牧口は、「現在の学校の門に殺到する多数の学生生徒を収容して所謂試験地獄の一掃を期し……」（同前、二〇九頁）と述べ、試験地獄で狭き門となっている学校を多くの人が学べる場にしたいと考えていたと思われる。この学校制度論の中で、とくに牧口のやさしさが直接表れている箇所がある。それは、「感ずべき女典獄」と題したエピソードである。典獄とは監獄の事務を司《つかさど》る職であるが、アメリカ・オクラホマ州のグラナイトという監獄のミセス・ジョージ・ウォータース女史の話である。ウォータース女史は当時待遇が苛酷《かこく》だった監獄生活の中で、監獄者たちを人間として認め、学ぶことの意義を考え、図書館を設け、半日ずつ勉強して九カ月で卒業する学校を設置した。すなわち「半日読書」という活動である。さらに、牢獄は冷たく淋しかろうと音楽隊まで組織させたのである。牧口は、この女史の行動を「細かな母性の心遣ひ」「温かい母性愛」と評して賞賛している（同前、二二〇〜二二一頁）。ここにも、人間の本質からとらえた半日学校制度の意義が見られる。

第三は、この半日学校制度論があらゆる人々への学びの門戸開放を目的としている点であり、それは女子教育への門戸開放へつながっていくものと考えられる。教育史上、牧口の女子教育への貢献は重要なものがある。彼は、明治三十八（一九〇五）年に創立された大日本高等女学会に直接かかわっている。これは、小学校を卒業した女性に高等女学校程度の通信教育を行う団体である。当時女子は男子に比べて中等教育の機会が少なかった。牧口は、そうした状況を改善したいと考え、女子に対して適切な就学機会を提供しようとしたわけである。現代のわが国における女子教育の発展も、誰もが学べる学校を願った牧口の半日学校制度論と無縁ではないと私は考える。以上が、半日学校制度論の先見性と現代的意義である。

(2) 教師と保護者との連携協力

創価教育の先見性と現代的意義の第二は、学校と家庭、すなわち教師と保護者との連携の重要性を説いている点である。とりわけ牧口は、保護者の中でも母親の学校参加を積極的に奨励した。

彼は、「教育改造論」（『創価教育学体系』第四篇）の中で「学校自治権の確立」が急務であることを強く訴えている。次はその一端を表したものである。

「如何《いか》にしたら教員が従来の無理横暴の権力から解放せられ、且《かつ》その地位が安固に擁護せられ、その理想が実現されるかと云ふ点にあつて、これは学校自治権の確立以外には適当な方法はあるまい。」（同前、一五九頁）

その上で牧口は、学校は家庭の延長であり、可愛いわが子の将来のためにも保護者は学校にかかわるのは当然の権利であり義務でもあるから、遠慮なく学校に参加することが大切であるとして、「先《ま》づ以て学校は他人のものではなくて、我がものだといふ自覚を以て無益な遠慮は為《せ》ぬ事である。」（同前、一六五頁）、「学校教育に参加することは家政の一部の実行と心得なければならぬ。」（同前、一六六頁）と述べている。それが現実には「学校に一任したから今の如き生活に即さない欠陥を生じたのである。」（同前）と批判している。さらに「父兄は教師の唯一の評価者である」（同前、一六一頁）とも指摘している。これ自体、まるで現代を見通しているようである。これは現在の学校評議員制度やコミュニティスクールにおける学校協議会の発想とも類似しており、牧口の先見性が見られる。

そして牧口は、とくに「母性覚醒の時機」と題して「母性の教育学的修養」を強調している（同前、一六五頁）。

さらに、東京・白金小学校校長時代に保護者会を重視し、父母の積極的な参加を呼びかけ、保護者会の役員選出を選挙制に切り換えてボス支配をなくし、また父母と学校との連絡を密にするため機関誌『しろかね』を発行している。こうした一連の活動それ自体が先見性と現代的意義を有していると言わなければならない。

現代は学校のみで解決できない問題が山積している。たとえば、安全教育、心の教育、情報モラル教育、食教育、金融教育などが挙げられよう。

これまでは、教員と保護者の相互理解が十分果たされているとはいえない状況があるかと思う。つまり、互いに遠慮している場合、あるいは片方が一方的に主張している場合などである。だがこれからは、ある一つの問題を協力して検討し、目的を共有化して実践に移していくことが、何より子どもたちを育《はぐく》んでいく場合の重要な視点となる。

（3）学校の基盤としての道徳教育

創価教育の先見性と現代的意義の三点目は、子どもたちの生活基盤がしっかりしている学校こそ優れた学校であると指摘している点である。すなわち、学校の基盤として生活と道徳教育を据えていることである。では、どのような点に先見性と現代的意義があるのだろうか。

学力低下が問題となり、学力向上をめざしている各学校は、とくに算数、国語、英語、理科、社会といった教科の知識習得に力点をおいている。だがよく考えてみれば、学級経営がうまく行われていないようなクラス、すなわち基本的な生活習慣やルールなどが成立していないクラスの中でいくら学力向上を図ろうとしても、それは無理である。子どもたちの学力を向上させようとするのであれば、まず子どもたちの生活基盤をしっかりとすることが大切である。クラスだけではなく学校全体の生活基盤がしっかりしてくれれば、自ずと学力向上にもつながっていくと私は考える。

実は、すでに牧口はその点に着目していた。次の文章は、その一端を表している。

「もしも学校の選奨を効果ありとするならば円満なる社会生活の学校こそ第一に推奨すべきものではないか。体操や図画や手工や、その他が如何に優れた学校でも、此の点に欠陥があり、又は平凡であるのを推賞するならば其《それ》は細功を認め大過を看過するもので、寧《むし》ろ推奨して却つて害毒助長の結果となることを懼《おそ》れねばならぬ。」（同前、七八頁）

また、牧口は学校の中にまず道徳的文化形成が必要であることを認識していたと思われるが、その根本には教師自身が道徳的であることが大切であるとして、「教師乃至教育者は他の事は兎《と》も角《かく》も、道徳教育こそ、その本然の使命の一ではないか。」（同前、七七頁）と述べている。

（4）統合的生活指導の郷土科――知の統合化――

冒頭でも述べたように、牧口は当時の教育を「注入主義」「詰め込み主義」として批判した。また同様に、与える知識それ自体も批判した。つまり、せっかく与えられる知識も統一性がなく、それによって低級な生活に利用されたり、あるいは不正な手段に利用されたりすることがあると指摘している。たとえば、青少年に映画などを見せた場合、全体的にはよい作品であったとしても、ある俗悪な場面が彼らの興味を最もそそることで、強烈な刺激だけが断片的に印象として残ることとなる。そのため、かえって悪い行為を推し進める結果となるようなものだ、という例を通して説明している。

牧口は、さまざまな教科が学習者、とくに義務教育段階の子どもたちの頭の中で、どのようにしたら個々ばらばらにならず、有機的連関性をもって理解させることができるかということに腐心した。そこで彼は、さまざまな教科を統合する教科を設けて学ばせることが最善の策であると考えた。これに関して、次のように述べている。

「修身も地理も歴史その他の社会生活に関する教科も、又た理科博物や、その他の自然界の生活に関する教科も、此の総括的統合教科によつて初めて渾然《こんぜん》たる体系となつて、そこに学問をした功能が顕《あら》はれるに至るのである。」(同前、三八三頁)

では、「総括的統合教科」の具体的な教科として、牧口は何を考えていたのだろうか。そこで出されたものが、郷土教育、「郷土科」である。彼は郷土こそ、子どもたちがさまざまな事物が身近な生活の中で結びついていることを理解するために、最も有効であると考えたわけである。それに関して、次のように論じている。

「児童が生れ落ちる以来永い期間毎日刺戟《しげき》され、心意に固着して放るべからず、忘れんとして能はざる程の郷土に関する知識を整理して一系統のものとなし、これを郷土科と命じて諸教科の連絡統合の起終点若くは中心点とするならば、それこそ恰《あたか》も我が国の如き悠久なる歴史を有する帝国の皇統に一切の国内が統一されて、安穏に治められて居る様に、自然的で、些《いささか》の無理がなくて、一切の知識、観念の統合連絡が旨《うま》く行く事であらうと存じます。」(同前、三九八頁)

またこの郷土科は、当然、創価教育の中心的内容ともなっていた。すなわち郷土という自然や社会との環境に調和して生活することによって価値を獲得し、その上で独特の個性に応じた利・善・美のいずれかの価値を創造して生活していくことが求められるわけである。

この点においても、牧口の先見性と現代的意義があるといわなければならない。つまり、現在も「総合的な学習」という時間があり、知の統合化を図ろうとしているが、環境・福祉・国際化などの具体的内容をとりあげながらも、実は子どもたちの生活とは直接結びつかないような、すなわち身近な生活からかけ離れたものになっている場合が多く見られる。しかも、最も肝心なことは、牧口のような「なぜ知識の統合化が大切なのか」という根本的な意義を理解せずに行われていることである。

このように、すでに「知の統合化」の重要性とその具体的なものとして「郷土科」を提案していたということは、先見性と現代的意義があると考えられる。

(5)「個性論」の意義 ―個性尊重への警鐘―

先に「個性に応じた利・善・美のいずれかの価値を創造して生活して」と述べたが、実は牧口は、この「個性」についてもきわめて詳細に論を展開しており、しかもそこに現代的意義があるといえる。

大正時代から昭和初期にかけてのいわゆる大正新教育運動の時代、しきりに「個性の尊重」

ということがいわれていた。しかし牧口は、上辺だけの流行を追うような楽観主義者ではなかった。それは、この「個性論」によく表れている。

まず牧口は、次のように当時の個性尊重論を批判している。

「個性尊重、画一打破とは、新しい教育の唯一の標語の如くに響いて、所謂新人には無条件に謳歌されて居るのであるが、想ひ一たび、その程度の問題に進んで来ると、しかく(=然く、そのようにの意)無雑作に心酔《しんすい》する訳には行かない。」(同前、二六五頁)

牧口は、画一主義自体は問題であることはいうまでもないが、だからといってその反動ですぐさま「個性尊重」へ無批判に進んでいくことは危険であると警告している。それは、「個性尊重」ではなく「個性過重」であると表現している(同前)。その上で、人間個々の性質としての「個性」を詳細に見て、各個にしかない性質だけを取り出して抽象化するだけではなく、その一方で各個に存在すると同じように、他の個にも共通して存在する性質を「本質」とみなして抽象化し、概念として法則化していくことが大切ではないかと主張している。牧口は、その「共通して存在する性質」を「一般性」「共通性」「天上天下唯我独有の性質」と呼んでいる（同前、二四七頁）。

牧口の個性論は、あくまで教育方法論の中で論じられているものであるが、氏は、個性尊重をあまり重視しすぎると個々別々に働きかける方法しかないことになり、結局「方法の自由教育」に陥ることになるので、個性を尊重はしつつも、教育方法をそこから演繹してはならないとしている。

現代でも、「個性の尊重」が以前より当然のこととして考えられているが、そうしたステレオタイプ的思考に対して、まさに現代的意義を持っているといわなければならない。

（6）教育機関と行政機関との「照応協同」的関係性

創価教育の先見性と現代的意義について、もう一つ紹介しておきたい。それは、学校などの教育機関と教育行政機関、さらに大学などの研究機関とが、互いに協力し合う全体的計画を立てる必要があるということである。今でこそ、現場の初等・中等学校と高等教育機関としての大学、さらに行政が相互協力した産学官の体制づくりが全国で実施されていると思うが、牧口の時代は、いうまでもなく国家主義教育体制の時代だったため、学校のような教育現場は教育の末端という意識しか行政サイドにはなかったわけである。また、大学などの研究機関も象牙《ぞうげ》の塔のような時代であるから、最初に述べたように「二階から目薬」のように現場とは乖離《かいり》した状態だったと考えられる。そうした状況の中で、牧口は次のように主張している。

「教育事業に於ても其の起原は国民各自の自由意志に基づいた私的行為として表はれたものであつて、寺小屋《(ママ)》又は私塾として民間に発生し発達したものを、国家がそれ自体の完成をなした後に、干渉し保護し監督することゝし、遂にその経済的生活を保証する代りに教育経営をその権力の中に収めたものである。国家の教育は直接に衝《しょう》に当つて教育理想の実現をなし、価値創造に任じて居る末梢的技術機関と、中枢に位して画策経営、指導督励に任ずる行政機関及び研究機関とが相照《しょうおう》応協同する大計画の活動によつて初めて目的が達成される。」(同前、三九頁)

この内容からもわかるように、教育活動はもともと民間の生活からスタートしたものであり、その後国家ができて干渉したり監督したり保護したりしてきたのであるから、一方的に国家側からだけ命令するのではなく、まず出発点は学校教育現場にあるということである。それを認めた上で互いに協力していくことが大切であると、牧口は訴えている。牧口の視点が人間の生活から発想していることがわかると思う。

以上のように、教育機関と行政機関、さらに研究機関との「照応協同」的な関係性の考え方の中にも、牧口の先見性と現代的意義が認められる。

『評伝　牧口常三郎』書評

著名な人物の生涯を等身大で表すことは、資料不足などにより並大抵のことではない。ところが、本書『評伝　牧口常三郎　創価教育の源流　第一部』（「創価教育の源流」編纂委員会編、第三文明社、二〇一七年）は、編纂委員の懸命な資料発掘の努力により、それを見事に成し遂げているのである。各章各節の最後に記載されている注及び参考文献の膨大さとその内容からもわかるように、創価教育学会（後の創価学会）の創始者である牧口常三郎のこれまで点と点とで結ばれていた生涯が、恩師、教え子、友人、同志などの証言の資料発掘によって一つの線となり、その時々の初代会長の息づかいや心境、さらに思想が鮮やかに蘇《よみがえ》ってくる。また、牧口初代会長の生涯の線を明らかにすることは、戸田城聖第二代会長、さらに池田大作第三代会長へとつながる、現在の創価の思想の基底を確認するという意味を持つことになる。

創価教育学の源流は、すでに牧口氏（二十一歳）が北海道尋常師範学校の教生（教育実習生）のとき、「文型応用主義」の原型となった作文指導法の考案からはじまっている。この時すでに、創価教育の中核となる思想の萌芽《ほうが》が見られる。一つは子どもの側からの人間教育の発想であり、もう一つは身近なところから考えさせていくという点である。前者は教育の目的は子どもの幸福にあるという点につながり、後者は十代から興味関心を持っていた地理を集大成した『人生地理学』や「郷土科」へのプロローグとなっている。

本書の出版で、改めて牧口氏の実践経験から育《はぐく》まれたさまざまな研究が再評価されなければならないと考える。『人生地理学』や通信教育の〝学校〟である大日本高等女学会の創立はその一つである。『人生地理学』の出版は、当時の書評の多さからわかるように、現代において改めて評価されるものであろう。新潟、北海道の「民」から発想し、「一郷民」から「一国民」さらに「一世界民」という視点は、まさに今日的意義を有している。後者の通信教育の〝学校〟である大日本高等女学会の創立は、向学心のある女性が家庭の事情や経済的理由から学びの道を閉ざされないようにという牧口氏の教育への情熱を表すものであり、その先見性も、今回の新たな資料発掘と共に再度評価される必要がある。

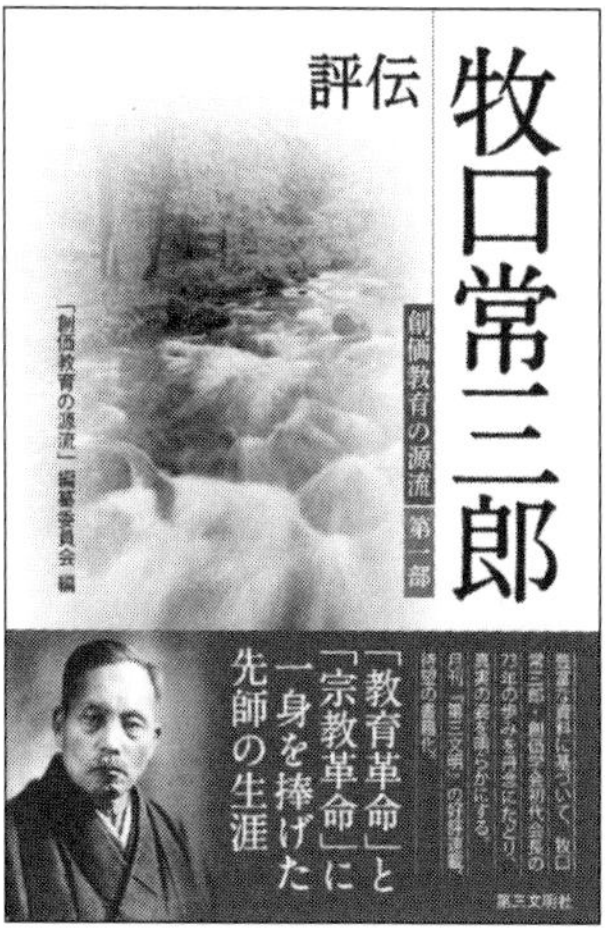

『評伝　牧口常三郎
──創価教育の源流 第一部』
「創価教育の源流」編纂委員会 編
（第三文明社／ 2017 年刊）

牧口氏は、若き日より嘉納治五郎《かのうじごろう》、志賀重昂《しげたか》、新渡戸稲造《にとべいなぞう》、柳田国男《やなぎたくにお》など多くの著名な人たちと交流している。それは氏の誠実で実直な人柄がそうした人たちを引きつけたのだと思う。出会いは〝縁〟であり、偶然性を伴う。そうした〝縁〟で氏にとって決定的な出会いとなった人物が、後の第二代会長となる戸田城聖氏である。理不尽な理由から小学校を次々と退職させられた牧口氏の傍《かたわ》らには、常に戸田氏が存在していた。二人は、一方で無慈悲な国家権力と共に戦い、もう一方では、三笠尋常小学校での貧しい子どもたちへの給食の実施、白金尋常小学校時代の湯銭値下げの陳情、関東大震災直後に古着類を集めて罹災者に配った「小善会」活動をはじめ、常に子どもたちの傍らにおり、味方となった。

そして、一九三〇（昭和五）年、牧口氏は、さまざまな逆境の最中に戸田城外氏（後の城聖）の協力を得て、ついに現職校長による実際的、科学的な教育学大系である『創価教育学体系』第一巻を出版。世に大反響を巻き起こし、「価値創造」を根本理念とする創価教育学会が産声《うぶごえ》を上げるのである。世の中が戦渦に巻き込まれる中で、牧口初代会長の日蓮信仰の宗教的信念に基づく一対一の地道な対話活動と座談会により、創価教育学会は短期間に発展していくことになる。

牧口氏が切望して止《や》まなかった「軍事、政治、経済的競争」から「人道的競争」の時代へ向けて、今こそ私たちは「世界市民」として叡智《えいち》を出し合っていかなければならない。

（「週刊読書人」二〇一七年八月二十一日号）

人間教育を考える――牧口常三郎の独創と先見

教育は人間のためのものに決まっているではないかといわれる人が多いかもしれない。だが、これまでの洋の東西の教育史を吟味してみるとき、その〝決まっている〟と自明に思えることが実際にはそうではないことに気づくのである。たとえば、日本の近代以降の教育を考えてみた場合、初代文部大臣・森有礼《ありのり》の、学校設立は「生徒其人ノ為ニスルニ非ズシテ、国家ノ為ニスルコト」という言葉に象徴されるように、それは学ぶ側に立った〝人間〟のための教育というより、むしろ〝国家〟のための教育であったことがわかる。

現在、わが国においてさまざまな教育問題が議論され、その都度中央における審議会や委員会において対応策が検討されている。だが、果たして先に述べたような国益を優先した国家のための教育から、人間一人一人を優先した人間のための教育への意識改革あるいはシステム改革が十分に進展してきているといえるだろうか。

以上のような問題を四半世紀問い続けてきた筆者は、今年三月末に『人間教育の探究』（東洋館出版社、二〇〇六年）を出版した。同書の主な課題は、第一に依然として本質的に変わらない政治主導の国家主義教育の問題を歴史的に明らかにした点と、第二に学ぶ側である人間一人一人の側に立つ教育、すなわち人間のための教育へ転換するための具体的な考え方およびあり方を提唱した点にある。

一般に、教育は人間形成といわれる。その場合、大きく「人間」への視点（人間観）と「形成」への視点（形成観）に分けることができる。この両者の観方により、人間のための教育にもなれば国家のための教育にもなりうる。同書では、人間教育の立場から、人間観については生涯にわたって学び続ける存在としての人間、あるいは何が善いのかを問い続け、想像力をもって文化を創造していく人間（性向善説的人間観）ととらえ、形成観については、こうした人間をいかにさまざまな学びの場で「援助」していくかという視点に立って、具体的な現実の教育の諸問題をとりあげながら論を展開した。

だが、以上のような人間形成観は、その表現こそ異なるものの、教育の歴史を振り返るときすでに存在していたことも事実である。とくに、強力な国家主義教育体制の状況下にありながら、人間教育の立場から独自の理論を形成し、さらに実践していた人物がいることは興味深い。その一人が同書でもとりあげた創価教育学会の創始者である牧口常三郎（一八七一～一九四四）である。

氏は、自らの生命をかけ、一貫して国家主義教育を批判し続けた人物であり、また独創的で先見性に満ちた人間教育論を展開した教育理論家であり実践家である。氏は、代表的著作である『創価教育学体系』の中で、「国民あっての国家であり、個人あっての社会である」という基本理念に基づいて、人間とは「価値創造力の豊かなるもの」であり、また「幸福なる生活」を求め続けて「生長発展」する存在としてとらえている。一方形成観においても、あくまで「教育の目的は人間の目的より決定されるべき性質のもの」であり、人間個々の「生長発展」に基づく価値の創造を促進させていく働きとして認識していた。これらは、まさに人間教育の本質であり要諦といえる。また氏は、「小学校より大学まで又はそれ以後の成人教育の時期までも、普通教育と専門教育との並行的修養をなさしめるのを人生の常態とし義務とし、以て身心両全の生活を営ましめんとするのである。」と、学びと生活とを一体化して一生を通じた学修（修養としての学び）を論じており、現在でいう生涯学習をいち早く提唱している。

以上は、氏の人間形成観の一端を示したものである。こうした氏の人間教育論が、戦後の混乱の中で悲惨に喘《あえ》ぐ人々の中に飛び込み、多くの人に生きる希望と勇気を与えた戸田城聖第二代会長から、さらに人間主義の立場に立ち「教育のための社会」の構築をめざして対話によって世界平和を提唱し続けている池田大作第三代会長へと脈々と継承され、今日創価学会の教育本部を中心に日本国内のみならず、世界中に広がりをもって展開されている点は注目に値する。

また牧口氏のように、自らの実践経験から理論を構築し、しかも短期間で多数の人々の共感と支持を得た人物は、日本における人間教育の提唱者の中でも稀有《けう》であるといっても過言ではない。それは、何より氏の理論および実践が、教育上、時代を超えて理に適《かな》っているからにほかならない。

筆者は、今こそ、日本の国益優先の国家のための教育を人間一人一人を優先した人間のための教育へ抜本的に変革するために、牧口常三郎の人間教育論が万民に認識され評価されるときであると確信している。

（「聖教新聞」二〇〇六年四月二十七日付）

＊引用文は『牧口常三郎全集』第五巻・第六巻、第三文明社、一九八二・八三年を参照した。

【第二章】

新時代を拓く創価教育

―三代にわたる精神の継承―

一　出会いから継承へ

本日は「新時代を拓《ひら》く創価教育―三代にわたる精神の継承―」と題してお話しさせていただくわけですが、今日お集まりの皆さまの前で、私のような門外漢の人間が何をお話しできるのか、はなはだとまどっております。

私の専門は教育学で、とくに人物を中心とした日本の教育思想史を主に研究しております。しかも人物研究の場合、単に教育理論のみを提唱している人間ではなく、自ら実践している人物に、私自身、大変興味を持っております。

そうした中で、以前より大変興味を持っております人物の一人が、創価学会の創始者であります牧口常三郎（一八七一～一九四四）という人物です。牧口氏の実践から生み出された創価教育学、人生地理学というものは、日本の教育史上においてきわめて重要な教育遺産であると考えております。歴史上一般には、一思想家の実践理論は、ややもするとそこで途切れてしまうか、あるいは本来の精神が正当に継承されていかないことが多いように思います。

しかし、この牧口氏の創価教育に関しては、その精神が途切れることも、変更・歪曲《わいきょく》されることもなく、現在まで脈々と正当に継承されている点が、わが国の教育史上の財産であるといえます。

この意義ある創価教育の精神の継承について、初代から第三代会長までのさまざまな著作を参考としながら、皆さんと共に考えてみたいと思います。

その貴重な継承は、一九二〇（大正九）年に始まりました。四十八歳の牧口常三郎初代会長と十九歳の戸田城聖第二代会長（一九〇〇～五八）が、目白の牧口氏の自宅で出会っています。年齢の差二十九歳です。この当時について、戸田氏は『戸田城聖全集』第一巻の中で、「牧口先生」と題して、次のように回顧しております。

「牧口先生は人格高潔、物事にたいしていやしくも軽々しく事を行わず、一文半銭も貪《むさぼ》ることなく、清貧に甘んじて、いっさいの衆生のために仁慈《じんじ》をたれられたお方である。こと不義と名のつくものには仮借《かしゃく》なくこれを責めて、正道に生きることを主張せられた。日本始まっていらい、小学校長として現職のままで実践教育学を完成された、ただ一人の人であります。日夜書を読んで道を求め、後輩を指導しては懇切ていねい、国家を憂《うれ》うる尽忠《じんちゅう》の念は天より高く、大衆を愛すること仏のごとくである。」（『戸田全集』一：三一八〜三一九頁）

一方、牧口氏も、戸田氏との関係について、『創価教育学体系』の中で次のように語っています。

「就中《なかんずく》戸田城外君は多年の親交から最も早い理解者の一人とて、その自由なる立場に於ける経営の時習学館に実験して小成功を収め其の価値を認め確信を得たので、余が苦悶の境遇に同情し其資財を抛《なげう》つて本学説の完成と普及に全力を捧《ささ》げんと決心し、今では主《しゅ》客顛倒《かくてんとう》、却《かえ》つて余が引摺《ひきず》られる態になつたのである。書き放しの原稿にどうやら目鼻が付き、劇職の傍《かたわら》、本書の出来上つたのも主としてその力による。君が近著『推理式指導算術』は君の言ふ如《ごと》く、真に創価教育学の実証であり又先駆である。」（『牧口全集』五：八〜九頁）

この内容から、牧口氏の謙虚さと弟子への温かさとともに、戸田氏が牧口氏の教育精神・理念に傾倒し、牧口氏を全力で支えていた様子の一端がうかがえるでしょう。

さらにその創価教育の精神のたすきは、一九四七（昭和二十二）年に、当時四十七歳の戸田氏と当時十九歳の池田大作第三代会長（一九二八〜）との、大田区蒲田《かまた》のある家での劇的な出会いによって継承されていくことになったわけです。年齢差二十八歳です。このときの心境を池田氏は、『私の履歴書』の中の「人生の師」という章の冒頭で、次のように述べています。

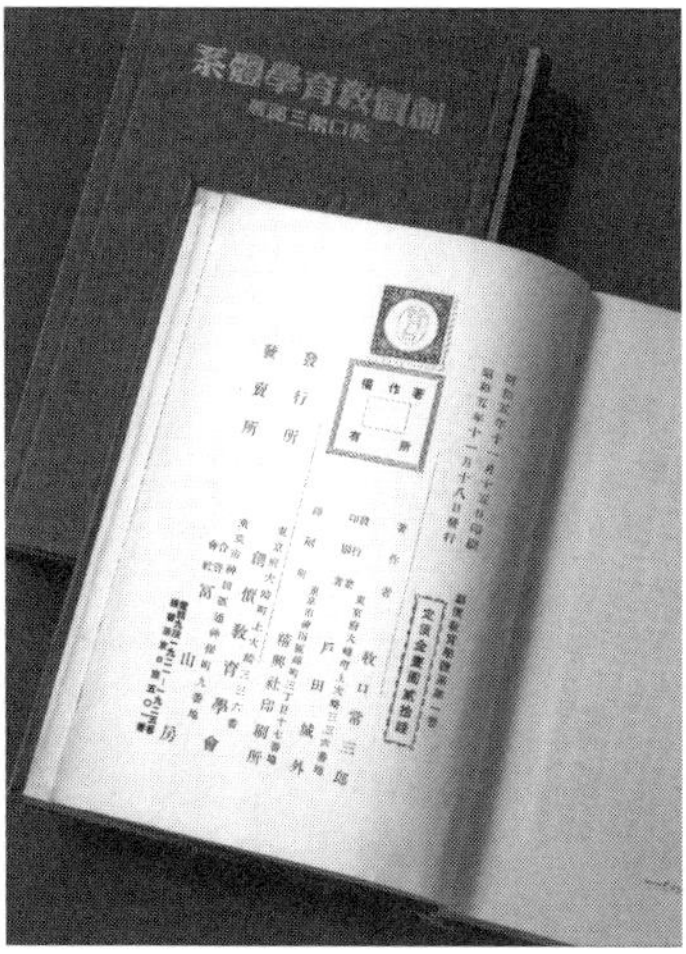

牧口常三郎著『創価教育学体系』。奥付には「発行兼印刷者 戸田城外」と記されている
©Seikyo Shimbun

「この日（昭和二十二年八月十四日）、この運命の師と会ったことが、私の生涯を方向づけることになったのであるが、そのときは知るべくもなかった。ただ、初対面ながらも不思議に親しみの情がわき上

がってくるのを禁じえなかった。」（『池田全集』一二一：二四六頁）

実は、この二つの出会いは、偶然にも、ほぼ同じ年齢差で出会っていることがわかります。めぐりあいというのは不思議なものであり、やはり〝縁《えん》〟というものを感じないわけにはいかない部分があります。

皆さんご存じのとおり、「創価教育学会」は牧口氏と戸田氏が中心となって設立されました。一九三〇（昭和五）年十一月十八日に『創価教育学体系』第一巻が発刊された日を創立の日としております。そのときから数えれば、今年（二〇〇七年）で七十七年ですが、出会いから見れば、牧口氏と戸田氏が出会った一九二〇（大正九）年から精神の継承は始まったこととなり、そこから数えれば八十七年の年月が流れていることになります。約九十年という長い期間、創価教育の根本精神が継承され続けていることは、改めてすごいことだと感じます。

二　師弟の精神の継承

この師弟の継承について、池田氏は著書『教育の世紀へ——親と教師に贈るメッセージ』（第三文明社、二〇一一年）の中で、「大偉業は一代で成し遂げることはできない。師匠から弟子へ、そして、そのまた弟子へと続く精神の継承があってこそ、成就される。」（一七六頁）と述べています。

また、ロシアの児童文学者リハーノフ氏との対談をまとめた『子どもの世界』の中でも、「師弟——この道に生きぬくところにこそ、『人間』としての最高の自己完成があります。『人間』としての最高の誇りがあります。」（『池田全集』一〇七：二一九頁）と語っております。

このことからも、創価教育の大偉業は単に一代でなしえたものではなく、牧口初代会長—戸田第二代会長—池田第三代会長と三代の会長にわたって成就されてきたものといえるでしょう。

なおこれに関連して、池田氏はとくにデンマークの国民高等学校の創始者であり〝民衆教育の父〟と仰がれるニコライ・グルントヴィ（一七八三〜一八七二）とその弟子のクリステン・コル（一八一六〜七〇）に、自分たちの精神の継承をオーバーラップさせて、次のように述べています。

「グルントヴィの理念と闘志を受け継ごうと精進《しょうじん》したからこそ、コルは、自身を向上させることができたのです。また、師よりも三十歳以上も若い後継の弟子がいたからこそ、デンマークの民衆教育は花開き、国土を蘇生させる原動力となったのです。」（同前、二一八〜二二九頁）

おそらくは池田氏は、彼らの中に、自分たちの関係を重ね合わせて見ていたのでしょう。

では、どのような精神の継承が行われてきたのでしょうか。次に具体的に見ていくことにしましょう。

三　創価教育の精神の継承（Ⅰ）　―さまざまな精神の継承―

創価教育における精神の継承の特質については数多くあると思いますが、その中から今回は、私なりに十二の特質をご紹介したいと思います。〝紹介する〟というよりはむしろ、皆さん方お一人お一人がすでにご存じのことを〝確認していただく〟といったほうが適切かもしれません。

はじめに十二の特質のうち十点の特質を紹介し、次に創価教育の精神の継承の中でもとりわけ重要であると考えられる二点を紹介します。

(1)　反国家主義の精神　―人間主義―

まず第一は、反国家主義の精神ということです。人間主義の精神といってもよいかと思います。この精神は、三代にわたって一貫して継承されています。これに関して、池田氏は次のように述べています。

「教育は次代の人間を創る遠大な事業であり、時の政治権力によって左右されない自立性が欠かせません。それはまた、戦争への道を後押しした『国家主義の教育』と身を賭《と》して戦ってきた、牧口会長および戸田第二代会長の精神でもありました。」(『池田全集』一〇一：三三七頁)

事実、牧口氏と戸田氏は、時の国家権力と最後まで戦い、とりわけ牧口氏は一九四四(昭和十九)年に巣鴨の東京拘置所の獄中で亡くなっています。

この「(教育が)時の政治権力によって左右されない自立性」という精神は、皆さんもご存じのとおり、池田氏の「四権分立」という構想に引き継がれているといってよいでしょう。これに関して、池田氏は著書『希望の世紀へ　教育の光』(鳳書院、二〇〇四年)の中で次のように主張しています。

「私は三十年前より、立法・司法・行政の三権に教育を加えた『四権分立』の必要性を訴えてきた。『教育権の独立』という新しい潮流を世界に広げていけば、日本の『教育立国』としての国際貢献にもつながっていこう。」(一八頁)

明治以降の日本の近代教育を振り返るとき、教育は政治や経済、軍事といったものの手段と化し、いわゆる政治的教育主義、経済的教育主義、軍事的教育主義という傾向がきわめて強い歴史があります。一八八四(明治十七)年に福沢諭吉は、「政治と教育と分離すべし」とすでに訴えていましたが、大多数は先のような考え方であったわけです。そうした中で、池田氏が「四権分立」を主張していることは、きわめて重要なことであると言わなければなりません。

(2) 対症療法的な改革への批判

第二は、教育の改革を進める際、現実に起こっている具体的な問題を即時に解決したいという考えから、ややもするとすぐに役に立つものを求めてしまう傾向が一般にあります。そうした、いわゆる対症療法的な教育改革について、これまで三代の会長は一貫して批判してきた経緯があります。次は、牧口氏の言葉です。

「今少しく遠き将来を慮《おもんぱか》つて決定されんことを切望するものである。これには、現在の疾病《しっぺい》に対する局部だけの診断で対症療法を講ずるのみで無くして、この痼疾《こしつ》は腫物《はれもの》外傷等の如く、局部的外科手術で平癒するものでは無くして、病源は内臓の奥深くに兆《きざ》してゐる宿痾《しゅくあ》なる故に、目前の皮相にのみ囚《とら》はれてゐる着眼点を転向して、真に将来の原動力の涵養《かんよう》所としての教育対策に熟慮するだけの余裕を持つて欲しいのである。」（『牧口全集』六：一〇八〜一〇九頁）

次は、池田氏の言葉です。

「教育を最優先の国民的課題と位置づけ、論議を深めることは大切であり、歓迎するものであるが、〝特効薬〟を求めるあまり対症療法的な改革に走るのではなく、確固たる理念と展望に基づいた『二十一世紀の教育』のあり方を打ち出すことこそが肝要である。」

（前掲書『希望の世紀へ　教育の光』、一四〜一五頁）

対症療法的な教育は、日本の教育行政の歴史などに顕著に見られることであり、現在の教育再生会議やこれまでの中教審（中央教育審議会）などにも、その傾向が見られるといってよいでしょう。たとえば、「出席停止」や道徳の教科化の問題など、慎重に議論されなければならないものが数多くあるように思います。〝教育は百年の計〟という言葉がありますが、創価学会の三代の会長は、そうした観点から教育を考えていたといえるでしょう。

（3）価値創造的人間の精神――人間観――

第三は、人間観の継承です。牧口氏は『創価教育学体系』の中で、「価値ある人格とは価値創造力の豊かなるもの」（『牧口全集』五：一三頁）と表現しています。氏は、利・善・美といった価値を創造していく「価値創造者」として自立した個人的存在としての人間と、「社会生活者」としての公共において共存共栄を図る人間という両面から人間をとらえています。

このことは、現在の池田氏の表現の中にも見出《みいだ》すことができます。次はその一つです。

「人間の精神には、どんな困難な状況をも打開し、より豊かで実りある価値創造を成し遂げる力が備わっている。」（前掲書『教育の世紀へ』、一四四頁）

教育は一般に「人間形成」といわれますが、その場合の二大関心事は、「人間への関心（人間観）」と「形成への関心（形成観）」です。私は常々教育学とは単なる技術論ではなく、あくまで人間が人間を形成していくわけですから、その対象への理解が最重要課題であり、したがって、教育学は人間学であると学生たちに話をしております。その意味では、創価教育において、この人間観が、これまで揺るぐことなく継承されていることは、きわめて注目すべき点であると考えられます。

（4）子どもの幸福のためという精神 ―教育の目的―

第四は、教育の目的に関する精神の継承です。まず牧口氏は、「教育の目的は、終極は人生の目的と一致する」（『牧口全集』五：九一頁）ものであり、「被教育者の価値創造の能力を涵養する」（同前、一九二頁）ことであるとして、根本的には「児童に幸福なる生活をなさしめるのを目的とする」（同前、一三〇頁）として次のように訴えています。

「教育の目的たるべき文化生活の円満なる遂行を、如実に言ひ表はす語は幸福以外にはないであらう。（中略）即ち被教育者をして幸福なる生活を遂げしめる様に指導するのが教育である。」（同前、一二四頁）

この理念は、戸田氏にも次のように引き継がれています。

「吾人は人生の真の目的は、幸福生活を営むことなりと知っているが、ここで人として民族の繁栄・幸福と、自己自身の子孫の繁栄・幸福とを考えていくべきではないか。なぜかならば、自己が所属している民族の繁栄がなかったならば、自己個人の幸福も自己の子孫の繁栄も見いだしえないのではなかろうか。」（『戸田全集』一：二五五頁）

「人生とは生活である。生活と離れて、人生はありえない。しかして人生の目的は、吾

人らが意識するとせぬとにかかわらず、たえず幸福のために活動している。」（同前、三四九頁）

さらに、これは池田氏にも引き継がれて、「教育こそが、子どもたちの幸福の礎《いしずえ》になるもの」（『池田全集』一〇一：三七八頁）と述べています。

この目的観も、先の人間観同様に揺るぐことなく継承されています。つまり、教育における人間観と目的観が揺るぎないところこそ、創価教育に確固とした教育理念が存在することの証しであるということができます。

(5) 生命尊厳の精神 ―平和主義―

第五は、生命の尊厳を根本とした平和主義の継承です。このことに関して、池田氏は「戸田先生は常々、『生命の尊厳』を深く尊重しゆく新しい世代を育成する以外に、戦争の恐怖の流転《るてん》を押しとどめることは絶対にできないと叫び、『教育』の重要性を、声高く強調していた。」（前掲書『希望の世紀へ　教育の光』、四二一頁）と述べています。

戸田氏の師である牧口氏も『創価教育学体系』の中で、「人間の生命の伸縮に関係のない性質のものには価値は生じない。故に価値を人間の生命と対象の関係性といふ。」(『牧口全集』五：二九三頁)、「価値といひ得べき唯一の価値は生命であり、爾余《じょ》の価値は何等かの生命と交渉する限りに於てのみ成立する。」(同前、二三二頁)と述べ、生命と価値との関係性について論じています。またこのことは、次に紹介する池田氏の言葉からも、その精神が継承されていることが十分うかがえるはずです。

「『生命』に序列はない。だれもが『生命』を持っている。男女の違いもない。皮膚の色の違いもなければ、貴賤《きせん》上下の差別も一切ない。民族の違いもない。一切、平等である。」(前掲書『教育の世紀へ』、六一頁)

(6)「世界市民(地球民族、地球市民)」の育成の精神

第六は、「世界市民(地球民族、地球市民)」の育成の精神ということです。牧口氏は、『人生地理学』の中で「十五億万の一世界民たることを自覚する」と述べ(『牧口全集』一：一五頁)、

郷土から国家、さらに民族、世界に向けて価値の創造を行っていかなければならないと説いています。

また、戸田氏は「地球民族主義」を提唱しました(『戸田全集』三:四六〇頁)。これは、自分は同じ地球に生きる〝人間〟であるという意識を持った「世界市民」創出への叫びにほかなりません。

この二人の会長を継承した池田氏は、サイモン・ウィーゼンタール・センターでの講演の中で、「無名の学究者牧口は、足元の『郷土』に根差して、しかも『狭隘《きょうあい》な国家主義』に偏《かたよ》らず、『世界市民』の意識を育《はぐく》むことを提唱したのであります。」(『池田全集』一〇一:四〇六頁)と述べています。

さらに「世界市民」「地球市民」を提唱し、「人間として、アジア市民、世界市民として、どれだけの友誼《ゆうぎ》と信用を勝ちえていくことができるか。その一点に、日本の未来はかかっていよう。」(前掲書『教育の世紀へ』、一五三頁)と述べています。

池田氏はまた、「地球市民」の特徴を三点挙げて、次のように指摘しています。

「『地球市民』とは、
一、生命の相関性を深く認識しゆく『知恵の人』
一、人種や民族や文化の〝差異〟を恐れたり、拒否するのではなく、尊重し、理解し、成長の糧《かて》としゆく『勇気の人』
一、身近に限らず、遠いところで苦しんでいる人びとにも同苦し、連帯しゆく『慈悲の人』」（同前、一五六頁）

これは、先の生命尊厳を根本とした平和主義とあわせて、真のグローバル化が進展する国際社会において、きわめて重要な精神であるといえます。そして、教育においても、今後、こうした「世界市民（地球民族、地球市民）」をどのように育成していくかが、大きな課題となってくるということです。

（7）「知恵（智慧）」の精神

第七は、知恵の精神です。これまで三代の会長とも、知識以上に知恵（智慧）の重要性を一貫して訴えています。

そもそも一般的に、「知識」とは知っている内容や知られている事柄を意味し、一方「知恵」は物事の道理や筋道を知り、是非善悪をわきまえて正しく処理することといわれています。知識をたとえ多く持っていたとしても、「知恵」がなければよく生きることはできないということです。

たとえば、戸田氏は「知識は智慧を開く門」であると表現して、さらに次のように論じています。

「世界の文化人が迷乱《めいらん》している思想に二つある。この二つの迷乱が、いろいろな悲劇を人生にあたえている。一つは、知識が即智慧であるという考え方である。知識は智慧を誘導し、智慧を開く門にはなるが、決して知識自体が智慧ではない。」(『戸田全集』一・二九一頁)

ここでの、「知識は智慧を誘導し、智慧を開く門にはなるが、決して知識自体が智慧ではない」という点は注目に値します。つまり、たとえ知識の量が多くとも、知恵（智慧）が発揮されなければその知識自体は生きてこないし、また幸福へはつながらないということです。

この点に関して、池田氏も同様に、次のように述べています。

「知識より、知恵です。その知恵を子どもたちが持てるかどうかにかかっています。知識を善のために生かし切っていけるだけの、『強い心』と『他者への愛情』を育てていかなければなりません。」（前掲書『教育の世紀へ』、六一頁）

「『言葉一つ』『言い方一つ』、そして『心一つ』で、人生は、どのようにでも悠々と開いていける。これが『知恵』である。『知識』それ自体は、幸福をつくらない。幸福をつくるのは『知恵』である。」（同前、一六八〜一六九頁）

すなわち、「知恵」とは、人間の幸福を創っていくために、しかも他者への愛情や他者とのかかわりを念頭においた善の実現のために、重要な要素であるということです。

(8)「慈悲(慈愛)」の精神

第八は、「慈悲(慈愛)」の精神の継承です。牧口氏は「単級教授の研究」の中で、「単級教師として更に要すべきものは、熱心と慈愛なり。」と述べ、さらに「彼等(=生徒たち)の毎朝欣々《きんきん》学校に昇る所以《ゆえん》のものは、一教師の慈顔と朋輩の熱情あるが為めなり。」と論じています(『牧口全集』七:一八三頁)。

この牧口氏の慈悲・慈愛の精神は、戸田氏に受け継がれ、戸田氏は「『慈』とは、他に楽しみを与えることであり、『悲』とは、他の苦しみを抜くことをいうのである。」(『戸田全集』三:四二頁)と述べています。

さらにこれは、戸田氏から池田氏に継承されていきます。池田氏は前出のように、地球市民となるための一つの要件として、「身近に限らず、遠いところで苦しんでいる人びとにも同苦し、連帯しゆく『慈悲の人』」を挙げています。また、慈悲の行動へと連動していく原動力が、先に紹介した「知恵」の役割であるのです。

(9) 学習と生活の一体化の精神

第九は、学習と生活の一体化の精神の継承です。牧口氏の学校制度改革論として有名なものに、いわゆる「半日学校制度」があります。この趣旨を一言で述べれば、学習と生活の一体化ということができると思います。すなわち、生活しながら学習することであり、学習生活と実際生活を並行させつつ、一生を通じ修養に努めるようにすることを意味します。牧口氏は、当時の学校が実際生活のとくに労務生活を回避しているところに問題があるとして、「今日の学校教育なるものは全く労務生活の回避法の一つであると云っても決して過言ではないと思ひます。」(『牧口全集』六:二一一頁)と指摘しています。その上で自らの考えを次のように述べています。

「小学校より大学まで又はそれ以後の成人教育の時期までも、普通教育と専門教育との並行的修養をなさしめるのを人生の常態とし義務とし、以て身心両全の生活を営ましめんとするのである。」(同前、二一〇頁)

このように牧口氏は、成人教育の時期まで学習と生活とを一体化していくことの大切さを「並行的修養」と呼び、生涯にわたって学び続けるいわば「学修者」として人間をとらえております。まさに「知行合一《ちこうごういつ》」の主義によって価値創造力が涵養されねばならない」ないということです（『牧口全集』五：六頁）。ちなみに「知行合一」とは、人間の知（認識）は、行（行為、実践）の一部であって、分けることはできないとする陽明学の学説です。

このいわば「学び、働く」という精神は、池田氏まで受け継がれ、氏によって次のように述べられています。

「心身のバランスのとれた成長を図るために、『学校での学習』と『社会での実体験』を同時に進展させ、ともに充実させることが望ましいとの考えに基づいていたのです。」（『池田全集』一〇一：三三九頁）

加えて池田氏は、学校教育においていかに〝正しい知育の場〟を回復するかが、今後の重要な課題であると訴えています。おそらく、ここでいう「正しい知育」とは子ども一人一人が利・善・美という価値を創造していく、さまざまな精神活動の豊かな学びの環境づくりを意味しているのでしょう。

(10)「連帯」の精神

第十は、「連帯」の精神です。私は、「連帯」の原点に牧口氏の『人生地理学』の思想があると思います。すなわち、私たちは生命を世界に懸けて、世界を家とし、万国を活動区域として生きているということです。言い換えれば、牧口氏が引用した吉田松陰の一句で、それを池田氏も好んで引用していますが、まさに「地を離れて人無く人を離れて事無し、人事を論ぜんと欲せば、先づ地理を審《つまびらか》にせざるべからず[※1]」(『牧口全集』一:二八頁)ということです。

人間の結びつきの以前に、自然環境と人間が密接に結びついているのであり、その環境の中で人間のつながり、すなわち「連帯」も形成されていくということです。さらに池田氏は、『教育の世紀へ』の中で、次のように述べています。

「〝一人ひとりが歴史変革の主人公であり、かけがえのない使命がある〟との深い自覚

をもって、地球的問題群に立ち向かう人類共闘の連帯をつくり上げていくことです。」(一四〇〜一四一頁)

以上、まず創価教育のさまざまな精神の継承を十点紹介しました。

次に創価教育の精神で、とりわけ重要であり根本的な継承であると考えられる二つの点をとりあげて紹介したいと思います。その一つが「最大の教育環境としての教師」についての精神の継承であり、もう一つは「開かれた対話」についての精神の継承です。

【第三節・注】

※1　吉田松陰の言葉は、元は漢文で記されている。「離地而無人、離人而無事。論人事者、自地理始。」(『講孟余話』廣瀬豊校訂、岩波書店、一九四三年、三五〇〜三五一頁)。

四　創価教育の精神の継承（Ⅱ）——最大の教育環境としての教師——

池田氏は『希望の世紀へ　教育の光』の中で、「『教育革命』は『教員革命』から始まる」と主張しています（一一三頁）。

このことに関連して、さらに氏は、牧口氏の精神を継承し、「私ども創価学会の教育部（＝現・教育本部）では、この牧口会長の信念を受け継いで、〝子どもにとって最大の教育環境は教師自身〟をモットーに掲げております。」（『池田全集』一〇七：一九〇頁）と述べています。

事実、牧口氏は、「入学難、試験地獄、就職難等で一千万の児童や生徒が修羅《しゅら》の巷《ちまた》に喘《あえ》いで居る現代の悩みを、次代に持越させたくないと思ふと、心は狂《きょう》せんばかりで、区々たる毀誉褒貶《きよほうへん》の如きは余の眼中にはない。」（『牧口全集』五：八頁）と悲痛な思いを込めて訴えているように、最大の関心事は、十分に教育を受けることができない子どもたちでした。この点について、池田氏も、「牧口先生の胸に燃えているのは、子どもたちの苦しみを思うと『心は狂せんばかり』という愛であった。」（前掲書『希望の世紀へ　教育の光』、五七頁）といい、さらに次のようにも述べています。

「思えば、牧口の教育者としての第一歩は、日本の北海道の開拓地での教育でありました。複数の学年を同時に教える『単級教授』に取り組んだのであります。そこには、他の学校に比べて、貧しく、家庭の躾《しつけ》なども十分に行き届かない子どもたちが集まっておりました。しかし、若き牧口は、厳然と力説してやまなかったのであります。『皆、等しく生徒である。教育の眼《まなこ》から見て、何の違いがあるだろうか。たまたま、垢《あか》や塵《ちり》に汚れていたとしても、燦然《さんぜん》たる生命の光輝《こうき》が、汚れた着物から発するのを、どうして見ようとしないのか。過酷な社会の差別にあって、彼らを唯一、庇《かば》える存在は、教師のみである』(『牧口全集』七：一八三頁。趣旨)と叫んだのであります。教師こそ、最大の教育環境である——この牧口の精神が、『創価教育』の不変の魂なのであります。」(『池田全集』一〇一：四二六〜四二七頁)

牧口氏は、訴えております。「教師は自身が尊敬の的たる王座を降《くだ》つて、王座に向ふものを指導する公僕となり、手本を示す主人ではなくて手本に導く伴侶となる」べきであると(『牧口全集』六：二八九頁)。

ところで、これまで三代の会長が好んで教師の理想として引用してきた人物に、スイスの教育思想家・教育実践家ペスタロッチー、ポーランドのユダヤ人教育者コルチャック、デンマークの〝民衆教育の父〟グルントヴィがおります。これら三人に共通する点は、現実の生活の中で苦しんでいる子どもたちに関心を持ち、その子どもたちを信頼し、「親心」から無償の愛を送っていることです。

ここで「親心」と申しましたが、子どもへの愛の原点は、最初の教師ともいうべき親であり、とりわけ母親の存在が大きいと考えられます。この点も、三代の会長の共通した認識であるといえます。このことについて、池田氏は、「一番、身近にいる母親は、子どもにとって『最初の教師』です。」(前掲書『教育の世紀へ』、三四頁)と述べています。

とくに「母性」については、すでに牧口氏が『創価教育学体系』の中で、その重要性を次のように論じています。

「母性は本来の教育者であり、未来に於ける理想社会の建設者であり、教師は寧《むし》ろその代理的分業者といふべきである。乃《すなわ》ち教育改造の原動力は其処《そこ》に在らねばならぬ。」(『牧口全集』六：一四頁)

さらに池田氏は、牧口氏、戸田氏と同様に、教師と親とは互いに協力し合い、子どもの幸福のために尽くさなければならないとして、次のように訴えています。

「『子どもの幸福』を最も願うものが、力を合わせて、よりよい教育をつくりあげていくべきだ、と。その当事者が親であり、教師である。ですから、教師や親が責任をなすりつけ合うところからは何も生まれない。」(前掲書『教育の世紀へ』、四八頁)

なお、池田氏は、「よい教師」の条件として次のような点を挙げています。

「温かく見守り、励まし、支え、前進する手助けをしてあげることです。ここが、親や

教育者の心すべき点です。よい教師というのは、触発を与え、『内なる力』を発揮させるものです。」（同前、六八頁）

「教師とは子どもの心に希望の炎をともす人です。子どもの可能性を信じ抜く人です。」（同前、一一三頁）

こうした言葉の中に、「最大の教育環境としての教師」の真の精神があるといえるでしょう。

五　創価教育の精神の継承（Ⅲ）　―「開かれた対話」―

次に、創価教育の精神の継承として最も重要であるもう一つ、「対話」について考えてみたいと思います。これまでの三代の会長すべてが、「対話」を重視しています。

(1)「対話」の意味

「対話」の基本的意味については、ソクラテスの対話術に代表されるように、古代ギリシア時代まで遡《さかのぼ》ります。もともと「対話」、すなわち「ディアロゴス」とは、人間と人間との間におけるロゴス、つまり言葉あるいは論理という意味であり、人間と人間とが互いにロゴス的な接触を通じて生きること、これが対話の教育的意味であり、人間に向ける認識はこの対話から生まれると考えられたわけです。プラトンはソクラテスのディアロゴスの精神を、次のように美しく表現しています。

「ことがらそれ自身についての久しい交わりが行なわれる間に、その交わりと共同生活の中から、いわば光が流れ火によって点ぜられるように、忽然《こつぜん》として魂に点ぜられるのであり、点ぜられたのちは自分で自分を養っていく」(村井実『ソクラテスの思想と教育』玉川大学出版部、一九七二年、一四〇頁)

同じように、池田氏も「対話」の意味について次のように説明しています。

「人間を人間たらしめる基盤となるのは、『自己』と『他者』を見つめ直し、その絆を結びつける『対話』である。」(前掲書『希望の世紀へ　教育の光』、二三頁)

「『対話』とは、人びとを結びつけ、相互の信頼をつくり出していくためのかけがえのない〝磁場《じば》〟であり、善なる力の内発的な薫発《くんぱつ》によって互いの人間性を回復し、蘇生させていく力の異名《いみょう》とも言える。」(前掲書『教育の世紀へ』、一四九頁)

「磁場」という言葉が印象的ですが、その意味は磁石や電流のまわりに生じる磁気力の作用する場所ということであり、磁石の相互作用の場ということです。まさに対話は、お互いが引きつけ合う〝相互作用の場〟であり〝触発の場〟であります。

また、「薫発」というのも興味深い言葉ですが、池田氏のやさしく温かな人柄が出ているように感じられます。「薫」とはおだやかなことを意味します。「薫風」といえば、おだやかな初夏の風のことです。したがいまして、「薫発」とは、おだやかに啓発していくという意味と理解できます。

要するに、「対話」とは、人間同士の信頼関係、すなわち互いに認め合う関係性を基盤としながら、相互に相手の言い分に耳を傾け、自分の意見を述べ、問題解決していく行為です。

(2)「対話」の目的

では、「対話」の目的とはどのようなことでしょうか。それについては、生活上の人間関係的な視点からの目的と、理想主義的、平和主義的な視点からの目的とがあると思います。

生活上の人間関係的な視点からの「対話」の目的とは、一般に互いに認識、理解、共感、納得し合うことであり、さまざまな人々と異見・意見を出し合い、たとえ一つの結論に至らなくとも、英知を出し合い、一人では到達し得ない何かをつくりだすことにあります。すなわち、「対話のプロセスを通じて互いの信頼・親睦を深め、共通の目的に向かってよりよいものを生み出す仲間としての関係(こうした人間関係を「創造的関係」と名づけることにする)を構築していくこと」です(多田孝志『対話力を育てる』教育出版、二〇〇六年、三五~三六頁)。

一方、それに対して理想主義的、平和主義的な視点からの「対話」の目的については、池田氏が自らの「対話」の経験から述べた次の言葉の中に含まれているといえます。

「私が、これまで、多くの識者と対話を積み重ねて、世界に教育と友情のネットワークを築いてきたのも、真の人間主義を基調とする世界市民教育こそが、人類の『平和の文化』創造のために絶対に不可欠の土台であると、強く確信してきたからである。」（前掲書『希望の世紀へ　教育の光』、一六三頁）

すなわち、「対話」の目的は、人類の「平和の文化」創造のためであり、またその土台としての「真の人間主義を基調とする世界市民教育」を築いていくためです。

こうした根本的な考え方を持って、これまでの歴代の会長は、人々との開かれた対話を積極的に行ってきたわけです。このことについて、池田氏は、牧口氏と戸田氏の対話について、次のように振り返っています。

「牧口は、思想犯として、徹底した特高（特別高等警察）刑事の監視に晒《さら》されるのであります。しかし、牧口は、民衆の中に常に飛び込んで、間断なく対話を続けております。後の起訴状には、牧口は、戦時下の二年間に二百四十余回の『座談会』を開催したと記されております。」(『池田全集』一〇一：四〇九頁)

「(=牧口は)七十二歳の高齢でありました。一年四カ月余り、五百日に及ぶ獄中生活が始まります。牧口は、一歩も退《しりぞ》くことがなかった。独房の中でも、牧口は大きな声を出して、他の房の囚人たちに語りかけたといいます。(中略)『皆さん、こう黙っていては退屈するから、一つ問題を出しましょう。善いことをしないのと、悪いことをするのとは、同じでしょうか、違うでしょうか』」(同前、四一〇頁)

「戸田は、草の根の対話の広場である『座談会』運動を軸に、『善なる民衆の連帯』を、戦後の荒野に築き始めました。」(同前、四一三頁)

（３）「対話」の現状

このように「対話」が人間の価値創造活動にとってきわめて重要であるにもかかわらず、現状では十分にその重要性が認識されていないのが現実だといえます。このことについて、池田氏は、さまざまな著書の中で述べています。次はその一部です。

「悲しいことに、家庭に限らず現代社会にあっては、こうした生きた対話、魂と魂とのふれあいが、本当に少なくなってしまいました。」（『池田全集』一〇七：五〇頁）

「二十世紀の苦々しい悲劇の多くは、この対話の精神が社会の確かな土壌たりえなかったことに起因しているところが大きい。」（前掲書『教育の世紀へ』、一四九頁）

池田氏のいう「生きた対話」あるいは「魂と魂とのふれあい」は、たとえば教育の分野を考えても少なくなり、あるいは弱まってきていると見えます。

これに関して、多田孝志氏の『対話力を育てる』という本では、「なぜ子どもたちは対話できないのか」という興味深い問いを提示しています。

そしてその冒頭で、氏はまず「対話」と「会話」の違いから説明しています。先にも述べたように、「対話」とは、人間の信頼関係の中で語り合いによって何かを創造していくことを目的とするものであるのに対して、「会話」は「井戸端会議にみられるように、とりたてた目的があるのでなく、とりとめのない話の継続であっても、楽しさを共有することに意味がある」ものと説明しています。現在の子どもたちに多く見られるのは、「対話」ではなく「会話」であると氏は述べています。

氏はその要因（原因）をいくつか挙げています。第一は、子どもたちの自信のなさ、あるいは自己肯定感が持てないことです。第二は、外国に比べると日本の学校では対話をする環境が少ないことです。第三は、聴いてもらう体験が少ないことです。そして第四として、ほめられていないことを挙げています（一～一七頁）。

さらに氏は、現在の子どもたちに「対話からの逃避」傾向が見られるとして、次のようにも述べています。

「自分の言ったことが誤解されて伝わってしまった過去の体験から、他人を信用できないと感じ、過度に人間嫌いになったり、あるいは恐れと失望のため、自分だけの世界に閉じこもったりしてしまう傾向がある。引きこもりも、会話拒否も、携帯電話やインターネットへの執心も、結局はしっかり他人と向かい合い、話をするという事態からの逃避である。」（前掲書『対話力を育てる』、一一一～一一二頁）

確かに現在の子どもたちの話し合いを見ていると、「発信型」「自己主張型」のものは多いですが、相互作用型や意味生成型はなかなか見ないといえます。

これに関連して、元NHKアナウンサーの村松賢一氏は、とくにコミュニケーション能力の育成という視点から三種類のモデルがあることを指摘しています（村松賢一『21世紀型授業づくり17　対話能力を育む話すこと・聞くことの学習――理論と実践』明治図書、二〇〇一年、三四～三六頁）。まず第一は「通信モデル」と呼ぶものですが、これは話し手が聞き手に一方的に発信するというものです。第二は「双方向モデル」で、これは送り手と受け手の相互交通による言葉・意味の交換です。そして第三は「相互作用モデル」と呼ぶものであり、これはコミュニケーションを単に意味を伝える、あるいは伝え合うこととしてではなく、参加者が相互作用を通じて「共同で意味を生成する過程」ととらえる考え方です。対話においても、最後の「相互作用モデル」が重要な考え方であることはわかると思います。

ところで、今「聴く」ということが出てきましたが、「聴く」と「聞く」とは基本的に違います。「聞く」とは、音が自動的に聞こえてくることであり、英語の「hear」にあたるものであり、「聴く」とは意識的に聴く、傾聴するという意味で、英語の「listen」にあたります。「対話」の特色の一つは「相互的な関係」であり、この相互的な関係の変化・継続を進行させているのが「聴く」行為です。まさに、「聴く」ことこそが対話の基本ということです。

(4)「開かれた対話」の実現に向けて

では、私たちは、これからどのような対話を考えていけばよいのでしょうか。これに関して、池田氏は次のように述べています。

「二十一世紀のカギを握るのは、民衆が強くなり、賢明になり、連帯していくことです。

また、そのために必要となるのが、人間と人間との『開かれた対話』です。」（前掲書『教育の世紀へ』、一四八～一四九頁）

この地球時代、多文化共生社会における現在の二十一世紀において必要な「対話」、それは「開かれた対話」であると指摘しております。では、「開かれた対話」とはどのようなものなのでしょうか。そのための基本的条件について池田氏は、さらに次のように述べています。

「独善的なイデオロギー、小さな利害、感情、誤った知識や先入観、根本的には人間生命の無知。この『とらわれ』の鎖を断ち切れば、相手を『人間として』尊厳できるようになる。そこから『人間として』の対話が始まります。」（同前、一三八頁）

現在地球上では、約七十八億人が、言語、宗教、風俗習慣などの異なるさまざまな人々が、民族を形成し生活を営んでいます。当然文化を背景として、意見が異なる場合も多々見られることだろうと思います。しかし、池田氏が述べているように、ある一定の「とらわれ」の鎖を断ち切れば、そこから相手を人間として尊敬できるようになるのです。すなわち、相手も「価値創造者」であるという認識です。その認識のもとに、ともに対話を通して価値を創造していくことが重要であると考えます。

これに関連して、先に紹介した多田孝志氏は次のように指摘しています。

「人と人、民族と民族とが出会ったとき、その出会いを、偏見・誤解・不信にとどめるのか、希望の創生に結びつけるのか、その方向を決定していくもの、それは、つなぐものとしての対話のあり方いかんにかかっているといっても過言ではない。多様な他者とのかかわりを創造的なものにし、そこから地球時代、多文化共生社会に希望をもたらす、共創型対話はそのための基本技能なのである。」（前掲書『対話力を育てる』、六七頁）

今後、池田氏のいう「開かれた対話」「人間としての対話」、また多田氏がいう「共創型対話」や村松氏がいう「相互作用モデル」の対話が、一層重要性を増していくことと思います。

では、それは二十一世紀の今日、何のために必要なのでしょうか、あるいはなぜ必要なのでしょうか。

(5) 二十一世紀を拓く創価教育への期待

それを池田氏は次のように的確に論じています。

「今、人類の四分の一以上の人々を苦しめている慢性的貧困をはじめ、飢餓、紛争、人権抑圧、環境汚染、生態系の破壊など、人間の尊厳と生存を脅《おびや》かし、人類の未来を蝕《むしば》んでいる『地球的問題群』が、私たちの眼前に立ちはだかっています。そして、それらの問題群は単独で起こっているのではなく、互いに連動し合い、問題をより深刻化させております。」(創価学会教育本部編『共生の世紀へ　環境教育への挑戦』鳳書院、二〇〇七年、一〇〜一一頁)

このような「地球的問題群」が喫緊の人類に課せられた問題である中で、私たち人間の使命があるということです。そのことについて、池田氏は、さらに次のように訴えています。

「人間の精神には、どんな困難な状況をも打開し、より豊かで実りある価値創造を成し遂げる力が備わっている。こうした偉大な精神の力を、一人ひとりの人間が縦横に開花させながら、変革を目指す連帯の絆を深め、『平和の文化』を築き上げていく——ここに、『生命の世紀』である二十一世紀の、最大にして最重要の挑戦がある。」（前掲書『教育の世紀へ』、一四四頁）

「この『生命』という二十一世紀の最大のフロンティアを開拓しゆくことこそ、人間教育の偉大な使命です。」（同前、一六五頁）

池田氏は折に触れ、「教育こそ人生最大の事業」であるといい、さらに対談集『子どもの世界』の中でも、「なかんずく『教育』は、『文化』の大地を潤し、『平和』の大樹を地球上に青々と茂らせていく水脈です。」（『池田全集』一〇七：二三頁）と述べています。まさに教育は、人類がこの地球上で生存していくための最も根本的なものであるということを意味しています。

「『価値創造』こそ二十一世紀のキーワード」（前掲書『教育の世紀へ』、一六八頁）ということを、私たちは深く心に銘記しておかなければならないと思います。

創価教育の精神の継承「12の特質」

① 反国家主義の精神
② 対症療法的な改革への批判
③ 価値創造的人間の精神
④ 子どもの幸福のためという精神
⑤ 生命尊厳の精神
⑥「世界市民（地球民族、地球市民）」の育成の精神
⑦「知恵（智慧）」の精神
⑧「慈悲（慈愛）」の精神
⑨ 学習と生活の一体化の精神
⑩「連帯」の精神
⑪ 最大の教育環境としての教師
⑫「開かれた対話」

「平和の文化と子ども展 ―子どもの幸福のために―」祝辞

本日は、「平和の文化と子ども展―子どもの幸福のために―」（創価学会女性平和委員会主催）にお招きいただき、誠にありがとうございます。

ただいま展示物を拝見いたしましたが、次の世代を担う子どもたちの幸福のために世界の平和を願う、学会の皆様に脈々と伝わる熱い思いが、一つ一つの展示物に込められているように感じました。

ご存じのとおり、現在子どもたちは心と体両面においてさまざまな問題を抱えております。いじめや虐待に悩む子どもたち、貧困と紛争などにより学びたくとも学べない子どもたち、さらには難病に苦しむ子どもたちなど、生活環境の変化とともに、子どもたちをめぐる問題も多岐にわたっております。

かつて創価学会初代会長の牧口氏は、「入学難、試験地獄、就職難等で一千万の児童や生徒が修《しゅ》羅《ら》の巷《ちまた》に喘《あえ》いで居る現代の悩みを、次代に持越させたくないと思ふと、心は狂《きょう》せんばかり」（『牧口全集』五：八頁）と述べておりますが、そこに見られるのは、まさに慈悲・慈愛の精神だと思います。

私は今年、月刊誌『潮』に「新時代を拓《ひら》く創価教育―三代にわたる精神の継承―」と題してその思想的特徴を書かせていただきましたが、今回の展示を拝見して、改めて「価値創造力の豊かなる存在」としての子どもたちの幸福を願う〝創価の伝統の精神がここにあると感じました。

パンフレットに、「この展示が〝子ども観〟を問い直し、子どもたちのために何ができるかを考える機会になればよいと思う」と書かれておりましたが、まさにこれは今最も教育上重要な、人間観・子ども観の意識変革、そして実行力の問題であると思います。

私は、ますます人類の未来を蝕《むしば》んでいる、いわゆる「地球的問題群」を解決していくために、そして次代を担う「地球市民」としての子どもたちのために、知恵と慈悲の精神、さらには連帯の精神を持ち、「開かれた対話」を通して、どこまでも解決の道をさぐっていくことが大切であると思います。

そうした意味でも、今回のこうした展示を企画し、世の中に発信していくことは重要であると考えます。

最後になりますが、創価学会の益々のご発展と教育の充実を心より祈念しまして、挨拶とさせていただきます。

（二〇〇七年十二月十二日）

「価値創造」は二十一世紀のキーワード

私は主に、江戸時代から現代に至るまでの教育者の人物研究を行っています。

慶應義塾大学の村井実名誉教授の「すごい人がいる。牧口氏は日本のデューイだ」との言葉が印象的で、一九九四年から『創価教育学体系』の研究を始めました。

牧口氏は、教育の実践者でありながら、体系的な教育学理論を構築。さらに、日本の国家主義的教育を痛烈に批判しました。これは刮目《かつもく》すべき偉業です。

この創価教育の精神が、三代の会長によって八十年もの間、継承されている事実に驚きを禁じ得ません。と同時に、この魂を継ぎ、後世に伝える私たちの責任は大変に重大です。

創価教育の精神として、具体的には、子どもの幸福という目的、学習と生活の一体化などが挙げられると思いますが、とくに、対話の精神は欠かせません。

牧口氏は二年で二百四十回以上の座談会に参加。獄中でも、さまざまな手段で対話を実践されました。それは生命の尊厳を語り合い、平和を志向する対話です。この精神を戸田会長も受け継がれ、池田名誉会長は世界各国の識者との対話で友好を促進されています。

「他者の話に耳を傾け、的確に応える」

この対話力こそ、今の教育現場に渇望《かつぼう》される力なのです。

創価教育の体現者である教員の方々がつくった「実践記録集」を読むたびに、「子どもたちから学ぼう」「忍耐強く子どもと向き合おう」という熱心さを感じます。価値創造という生き方が明確だからこそ、子どもとの信頼関係を築いていけるのだと確信します。

貧困、環境汚染、飢餓や紛争等の地球的問題群が山積する現代にあって、南米の「牧口プロジェクト」に代表されるように、創価教育の理念は世界に広がりを見せています。これこそ牧口氏が提唱した「世界市民」「地球市民」との視点が重要な鍵となっていることの象徴でしょう。「価値創造」は、まさしく二十一世紀のキーワードとなっているのです。

だからこそ、創価教育が先頭に立って、これらの問題解決をリードする人材を陸続《りくぞく》(次々と連なり続くの意)と育てていく使命があると信じています。

(「聖教新聞」二〇一一年十一月十五日付)

私の読後感——小説『新・人間革命』第二十七巻

第二十七巻「若芽」の章には、山本伸一の児童への励ましの場面が、数多く描かれています。その中で、「最も苦しんでいる子どもの力にならずして、教育の道はない。人間の道はない」とあります。池田SGI会長の利他主義、生命主義に裏打ちされた「慈悲の精神」が、伸一の姿を通して記されています。これこそ、創価教育の根本精神であると思います。

私はいつも学生に、〝相手の気持ちを完全に理解することはできない。しかし、大切なことは、相手に寄り添い、理解しようとする真摯《しんし》な姿勢である〟と教えています。他者との対話の前提には、相手も自分と同じ「人間」である、という視点に立つことが重要です。

私たちは誰もが幸福を求め、自身の無限の創造性を開花させる可能性を秘めています。そういった人間観に立つことで、相手の視点で考え、相手を思いやる心が育《はぐく》まれるのです。

コロナ禍の今、教育現場は、子どもたちにとっても、教師にとっても、大変な状況にあります。ともすれば、どのような人間を育てるのかという目的を忘れてしまいがちです。だからこそ、教育の根本には、「正しい人間観」が必要なのです。

人間は、人間の中で練磨され、成長します。小説でも「最大の教育環境は教師」と言われており、池田会長は、教師に大きな期待を寄せています。初代・牧口常三郎、二代・戸田城聖の両会長は教師でしたが、山本伸一は教師ではありません。

しかし、二人の思いを継ぎ、情熱を持って、初等教育をはじめ、創価一貫教育のために奔走します。彼の温かく、時に厳しい指導の数々は、自身の分身である教師への、期待と励ましの表れなのではないでしょうか。

私たちは、世界的問題に目を向け、世界市民を育てなければなりません。何よりも、自然災害やコロナ禍といった、予期せぬ事態に陥《おちい》った時でも、自立して考え、行動できる人材が求められています。

牧口会長は、「平和への道筋は、軍事的競争、政治的競争、経済的競争を経て、人道的競争の時代にいたる」と予見され、池田会長はそれを担う人材を育成することを、自身の願業だと言われています。教育、なかんずく創価教育の使命が、今後さらに大きくなっていくでしょう。

（「聖教新聞」二〇二一年三月十八日付）

【第三章】

池田大作第三代会長と創価教育の確立

一　創価学園・創価大学の創設と限りなき発展

(1) 創価中学校・高等学校の創設

牧口初代会長、戸田第二代会長が悲願としていたのが、創価教育の精神に基づく小学校から大学までの建設だった。それを一身に託されて、しかも見事に実現したのが池田大作第三代会長である。

一九六〇（昭和三十五）年四月五日、第三代会長就任間近の池田氏は、東京・小平市の創価学園の建設候補地を視察し、学園建設が本格的に始動した。武蔵野の大地で富士が見え、清らかな水の流れる場所が池田氏の希望だった。東京オリンピックが開催された一九六四（昭和三十九）年の六月三十日、第七回学生部総会の席上で、氏は、創価大学・高等学校・中学校・小学校の設立構想を発表した。それは想像をはるかに超えたスケールだった。なお、翌年には創価大学設立審議会が発足している。

一九六六（昭和四十一）年の十一月十八日、すなわち牧口初代会長が著した『創価教育学体系』

第一巻が発刊され、学会の創立記念日に定められた日に、創価中学校・高等学校の起工式が執り行われた。さらに池田氏は翌年三月、大阪の地に創価女子中学・高校を開校する提案も行った。

学校法人創価学園が設立され、創価中学校・高等学校の設置認可が下りたのは、一九六七(昭和四十二)年六月だった。

一九六八(昭和四十三)年四月八日、小平市の創価学園では、ついに待ちに待った第一回入学式が晴れやかに執り行われた。生徒は、南は沖縄、九州、北は北海道、東北など、全国から集まっていた。池田氏は入学式の四日前、聖教新聞に「創価学園の入学式を祝う」と題して、次のような五つの指針を発表している。

一、真理を求め、価値を創造する、英知と情熱の人たれ。
二、決して人に迷惑をかけず、自分の行動は、自分で責任をとる。
三、人には親切に、礼儀正しく、暴力を否定し、信頼と協調を重んずる。
四、自分の信条を堂々と述べ、正義のためには、勇気をもって実行する。

五、進取《しんしゅ》の気性《きしょう》に富《と》み、栄光ある日本の指導者、世界の指導者に育て。

これらの指針はまさに創価教育の基本精神といってよい内容であり、池田氏の人間観、人生観、道徳観、世界観などが凝縮された言葉といえる。当時の社会は高度経済成長と相まって経済的に豊かになる一方で、学歴偏重主義、受験競争の過熱化、青少年の非行の深刻化など教育をめぐる数々の問題が浮上してきた時代であった。そうした中で池田氏は、確固たる教育理念を掲げ、人間主義の教育を今こそ実践していかなければならないことを強く主張したのである。

また、生徒の中には創価学会の会員以外の子弟が含まれているということから、創価学園では宗教教育は行わず、あくまでも日本の未来を担い、世界の文化に貢献する有為の人材を輩出することを理想とすることとした。

(2) 創価大学の開学と発展

創価大学の創立は、初代会長の牧口常三郎と第二代会長の戸田城聖の念願だったが、実現には至らなかった。だが、その実現への情熱の灯は消えることなく第三代会長の池田大作に引き継がれていった。

すでに述べたように、一九六四（昭和三十九）年六月三十日の第七回学生部総会において、池田会長から創価大学の設立構想が正式に発表された。翌六五（昭和四十）年十一月に創価大学設立審議会が発足し、審議会の会長には池田氏本人が就任した。大学建設において最も苦心したのは約六十億円の資金の捻出だったといわれている。池田氏が執筆した出版物の印税や学会からの寄付、そして何よりも公募で集まってきた寄付金などにより、なんとか調達することができたという。

一九六九（昭和四十四）年、戸田城聖会長の命日にあたる四月二日に起工式が執り行われた。そして翌月三日の本部総会において、池田氏は創価大学の基本理念として次の三つのモットーを発表した。

創価大学の正門に掲げられた「創価大学」の文字は牧口常三郎初代会長の筆による　©Seikyo Shimbun

・人間教育の最高学府たれ
・新しき大文化建設の揺籃《ようらん》たれ
・人類の平和を守るフォートレス（要塞《ようさい》）たれ

当時は、安保闘争などにより大学紛争が激しさを増し、大学のあり方自体が根本的に問われていた時代だったが、そうした中であえて人間教育を掲げ、文化と平和の創造をめざす大学を標榜《ひょうぼう》したのである。

一九七〇（昭和四十五）年九月、経済学部経済学科、法学部法律学科、文学部英文学科・社会学科の三学部四学科で、当時の文部省へ認可申請を行い、翌年一月に正式に認可が下りた。その後、入学試験の願書受付が開始されたが、倍率が十数倍から二十数倍となる注目度の高さと人気ぶりだった。七一（昭和四十六）年三月十六日には、大学関係者や報道陣など約千人の来賓を招待して落成開学祝賀会が開かれた。池田氏は、常に教育は自分の最終の事業であると語っており、とくにこの創価大学に対する思い入れは強かったことは想像に難くない。

一方では、外部からの学会に対する反発や偏見などがあったことも事実である。だが池田氏は、この創価大学を創設した目的は学会員であるなしを問わず、人類に有益となり貢献ができ、やがて世界の平和を創造する人間主義のリーダーを育成することであると訴え、その考えは揺らぐことがなかった。

そして一九七一年四月二日、四百人ほどの新入生をはじめ、保護者や教授など大学関係者が出席して開学式が行われたのである。

以上のような経緯で産声を上げた創価大学は、その後半世紀の間に国内だけではなく国外において活躍する優れた人材を多数輩出してきているのである。そして、その人間教育に基づく創価教育の実践の場は次の一覧のように世界に拡大してきており、これからもより一層発展していくことであろう。まさに池田会長によって創価教育は確立されたといえる。

【創価教育の歩み】

一九六八年四月　創価中学校・高等学校が男子校として開校（東京）

一九七一年四月　創価大学開学

一九七三年四月　創価女子中学校・高等学校が開校（大阪）
一九七六年四月　札幌創価幼稚園が開園（北海道）
一九七八年四月　東京創価小学校が開校（東京）
一九八二年四月　東京、関西の創価中学校・高等学校が男女共学校に移行
創価女子中学校・高等学校を関西創価中学校・高等学校と校名変更
関西創価小学校が開校（大阪）
一九八五年四月　創価女子短期大学が開学
一九八七年二月　創価大学ロサンゼルス分校（現・アメリカ創価大学大学院）が開学
一九九二年九月　香港創価幼稚園が開園
一九九三年一月　シンガポール創価幼稚園が開園
一九九五年四月　マレーシア創価幼稚園が開園
二〇〇一年五月　アメリカ創価大学がオレンジ郡に開学
二〇〇一年六月　ブラジル創価幼稚園が開園
二〇〇三年二月　ブラジル創価学園が開校（幼稚園に小学校を併設）

二〇〇八年三月 韓国幸福幼稚園が開園
二〇一七年十一月 創価学園創立五十周年
二〇二一年四月 創価大学開学五十周年

二 「教育部」の創設と人間教育の実践

池田会長の就任一周年に当たる一九六一（昭和三十六）年五月、人間主義を掲げ、創価教育を実践する中核として「教育部」（現・教育本部）が誕生した。

創価学会の前身は創価教育学会である。池田会長は、初代牧口会長、二代戸田会長から〝未来の子どもたちの成長を図っていくことは、ひいては社会発展につながっていくことなのである〟という精神を受け継ぎ、教育部を創設して教育部員を育成していくことに全精力を傾注していった。

学校教育において、子どもたちに最も影響を与えるのは教師であるということから、池田会長は、「最大の教育環境は教師」であることを明言した。当時、大学紛争などにより教育の荒廃が露呈し始めたときに、池田会長はあくまで人間教育を推進していくことを第一に掲げ、これこそ喫緊の課題であるとした。

一九七一（昭和四十六）年は牧口会長の生誕百年であり、創価大学開学の年であり、さらに教育部結成十周年でもあった。このとき、池田会長はメッセージを送り、人間教育の必要性を次のように強く訴えている。

「人格を育成することほど、偉大な仕事はない。教育こそ、新しき世紀の生命であります。実に今日ほど、教育の重要性が叫ばれる時代はありません。かつては、国家主義的な教育が一世を風靡《ふうび》した。それが今、ことごとく挫折し、人間教育に視点があてられるようになりました。人間としていかにあるべきか――これが今日の最大のテーマとなっております。（中略）皆さんは、人間教育の旗手であります。そのことは同時に、人間文化の旗手でもあるということになります。偉大な人間把握の哲理こそが、新しい教育と文化の淵源《えんげん》となっていくことは、必定《ひつじょう》でありましょう。」（『新・人間革命』第二十四巻、聖教

新聞社、二〇一二年、二一八～二一九頁）

このように教師を人間教育、人間文化の旗手であると唱え、教育にとって人間把握がいかに重要であるかを強く訴えていることがわかる。

一九七三（昭和四十八）年には、教育部は「社会に開いた教育部」「教壇の教師から地域の教師へ」というモットーを掲げて地域貢献活動を展開していった。その具体的な取り組みが、教育部有志によって始まった「教育相談室」である。これも池田会長がある懇談会の中で提案したものであった。当時は登校拒否と呼ばれていた現在でいう不登校や、障がいのある児童・生徒、さらにはそうした子どもを抱えている家族のために、十数人の有志が教員相談室を無料で週一回開設したのである。池田会長は、常に人間主義の教育とは一番困っている人の立場に立つことから始まるという考えを強く持っていた。相談室を担当する教育部員は、研修会を開催するなどしてカウンセリング技術の向上や人間理解などの研鑽《けんさん》に努めた。

一九七〇年代半ばになると、日本が高度経済成長の時代を迎えるのと呼応する形で、高校への進学率も上昇していった。高校進学率は一九五〇（昭和二十五）年には四二・五％であったのが、一九六〇（昭和三十五）年には五七・七％、一九六五（昭和四十）年には七〇・七％、一九七〇（昭和四十五）年には八二・一％に達し、一九七〇年代半ばに九〇％を超えた。それによって受験競争があおられ、以前は一部の中学生たちだけが直面していた「受験」という問題に、日本の大多数の中学生が直面することになっていった。

高度経済成長を背景に、この時期支配的になっていった学校をめぐる価値観は、偏差値的にレベルの高い学校を卒業し、一流の企業に入社すれば、一生が保証されるというものだった。すなわち、受験競争に勝ち抜くことが、将来、経済競争で勝ち抜くための大切なステップになっていったのである。そしてこれは、受験競争についていけない、あるいはこの体制を支える価値観から逸脱する子どもたちを生じさせることになっていった。つまり、彼らは、一般に「落ちこぼれ」や「積み残し」という言葉の中で枠づけられていくことになった。その結果、著《いちじる》しい経済成長によってモノがあふれ、一見豊かな社会にはなったが、その半面、青少年の非行・問題行動が多く発生し始めた。具体的には、一九七〇年代後半以降、八〇年代半ばに向かって校内暴力（器物損壊、生徒間暴力、対教師暴力）、不登校（当時は「登校拒否」と呼ばれた）、陰湿ないじめなどが深刻な社会問題として論じられるようになった。

そうした混迷する学校教育下にあって、一九七四（昭和四十九）年二月十一日、「人間教育研究会」が設立された。同研究会は十一月、創価学園講堂で第一回人間教育研究発表会を開催。そこでは専門的に研究や実践を重ねてきた教員がその成果を発表した。これが現在の人間教育実践報告大会の原型となった。

さらに教育部は人間教育運動を本格的に推進していくために、教育目的を教育者自身がつくることから着手し、「人間教育運動綱領」の検討をはじめ、めざすべき人間像を次のようにまとめた。

一、生きること自体に喜びを感じて生活できる人間。
二、他人や自然と共栄できる人間。
三、自己と環境を常に切り開いていける人間。

これらの目標が定められ、それを実現していくための教育者の実践原則が検討された。

一、生命の尊厳を基本原則とした教育であること。
二、人間の多様な可能性に対する信頼を基本とすること。
三、教育者と被教育者との関係性を重視し、人格相互の触発に努めること。
四、絶えざる価値創造と自己変革の人生を全うすることを、共通目的にすること。
五、被教育者の能力を的確につかみとって、適切な指導ができる教育者をめざすこと。

そして、一九七五（昭和五十）年の第九回教育部総会において「人間教育運動綱領」（第一次草案）が発表されたのである。

池田会長は、教育部の人間教育運動の推進力ともいうべき青年教育者に期待を寄せていた。青年教師たちが伸び伸びと力を発揮してこそ、新しい前進があるのであり、ベテラン教師たちとも自由闊達《かったつ》に意見を交わすことができる環境づくりが重要であるという考えを持っていた。その思いを受け、青年教師たちは同年、「青年教育者宣言」を発表した。

一、我々は、教育者自身の変革こそ、教育の第一歩であると考え、自己のエゴイズムと傲慢《ごうまん》を克服する。

二、我々は、いかなる児童・生徒に対しても、その可能性を信じ、決して希望を失わず、指導の手を差し伸べる。

三、我々は、教育者としての資質を高めるため、互いの教育経験を交換し合い、真摯《しんし》な研鑽を重ねる。

池田会長は、同年八月十二日、創価大学で開催された教育部夏季講習会の全体指導会に出席し、人間教育とは何かについて次のように述べた。

「人間教育の理想は、『知』『情』『意』の円満と調和にあります。つまり『知性』と『感情』と『意志』という三種の精神作用を、一個の人間のうちに、いかに開花させていくかが課題であります」（同前、二五八頁）

一九七六（昭和五十一）年八月十二日、東京・立川市市民会館で「青年教育者実践報告大会」

が開催された。池田会長は一九八四（昭和五十九）年に発表した「教育の目指すべき道――私の所感」で、「今後も教育実践報告大会、研究発表大会を充実させ、更に教育活動の基本である授業記録の着実な蓄積を期待したい」と述べた（『池田全集』一：五二〇頁）。こうした提案を受け、「教育実践記録運動」が本格的に開始されることになるのである。

三 『池田名誉会長の指針 わが教育者に贈る』を読んで

(1) 本書の目的

創価学会教育本部が編纂した本書は、二〇一五（平成二十七）年十一月十八日、『創価教育学体系』発刊八十五周年を記念して発刊された。池田大作名誉会長がこれまで教育について出されてきた提言や所感をまとめたものである。同時にこの書は、牧口初代会長、戸田第二代会長から継承されてきた創価教育の理念に基づく人間教育を実践してきた教育本部と、その教育に携わってこられた先生方への池田会長からの激励の書といえよう。これに関して、氏は次のように述べている。

「私も、先師と恩師の夢を、わが夢として、教育こそを最大のライフワークと定めてきました。（中略）教育本部の皆様は、『子どもの幸福』のため、『教育のための社会』の実現のために、それぞれの使命の教育現場で、尊き実践を重ねてこられました。（中略）教育本部の皆様こそが、『創価教育学体系』の〝続編〟を綴《つづ》りゆく創価教育の後継者であり、『実践編』を体現されゆく人間教育の真正の勇者である」（四～六頁）

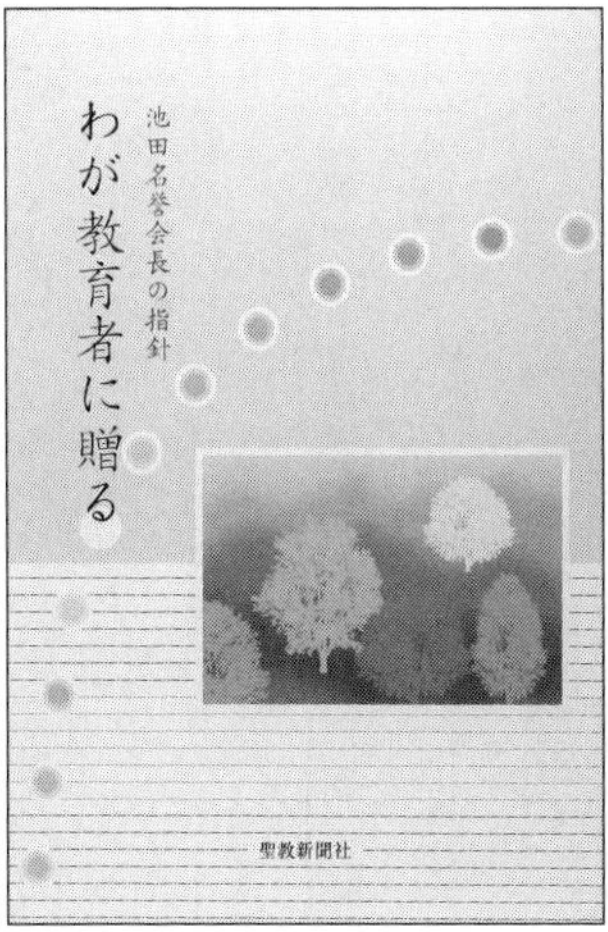

『池田名誉会長の指針
わが教育者に贈る』
創価学会教育本部 編
（聖教新聞社／ 2015 年刊）

（2）本書の構成

本書は、「発刊に寄せて」、第一章「寄稿『わが教育者に贈る』」、第二章「小説『新・人間革命』から」、第三章「提言・所感」から構成されている。ここでまず気づくことは、それぞれ書かれた時期が異なるものの、主張されている内容は一貫しているということである。それは、人間教育としての創価教育の理念がぶれずに、一貫した確固たるものとなっていることを意味している。

（3）第一章「寄稿『わが教育者に贈る』」

この章は、池田会長が「青年教育者の方々と、わが創価大学のキャンパスで語り合うような思いで、教育に関する所感を綴らせていただきます。」（一六頁）と書かれているように、若い教育者たちへの奮励《ふんれい》の辞ともいえるメッセージが綴られている。

第一回「青年から『共育』の新時代を」でとくに印象的な点は、教育の目的および教育者の使命についての記述だ。

まず創価教育における人間観の特徴としては、価値創造の豊かなる存在としての人間と、共存共栄を図る社会生活者としての人間という人間観が考えられる。こうした人間の生きる目的について、牧口初代会長は「幸福」とはっきりと表現している。

「幸福」とは、「万人共通の生活目的」であって、「これ以外に表現の仕様がない」ものであり（『牧口全集』五：一二二頁）、また「利己主義の幸福ではなくて（中略）社会と共存共栄」

でなければならないと説明している（同前、一二九頁）。また、ノーベルの言葉「遺産は相続することが出来るが、幸福は相続する事は出来ぬ」を引用している（同前、一三二頁）。

したがって、教育の目的とは、「子どもの幸福」を実現することにあるということになり、教育者も、この目的を達成させることが使命となる。この点について池田会長は、教育本部が掲げる次のような「人間教育者モットー」を引用して、今日でも脈々と躍動していると激励、称賛している（二〇頁）。

一、「子どもの幸福」第一の教育者たれ！
一、人間革命の道を勝ち開く教育者たれ！
一、生命の輝きで実証示す教育者たれ！

さらに授業・教授についても具体的に、牧口会長の「教授の目的は興味にあり。智識其物《そのもの》を授くるよりは、これより生ずる愉快と奮励にあり」（『牧口全集』七：一七〇頁）という言葉を引用し、学ぶ楽しさ、探求の楽しさ、世界を広げながら、知恵と創造性を育《はぐく》んでいく学習のあり方を提示している。

そして、人間革命とは個々人の「成長」だけではなく、人と人との関係を通して、つまり一人の「個人の成長」が「他者の成長」を促し、周囲や社会の成長をも促していくことを原理としていると池田会長は述べている。

第二回「教師こそ最大の教育環境なり」では、まず、教育本部の人たちと深く共有する信念について述べている。さらに氏は、信頼に関して、次の三者、すなわち「全生徒から」「全教職員から」「全保護者から」の信頼を得ることが重要であることも述べている。

まず、子どもから信頼を勝ち取るためには、自分が子どもを信頼することであると強く訴え、どの子も公平に、人間として尊重することが何より大切であるという。次に全教職員からの信頼を得るためには、まず学校を陰で支えてくれている先生方を大切にしようとする心が必要であると述べている。さらに全保護者から信頼を得ることについて記しているが、とくに印象的な点は、学校と家庭がそれぞれ声を掛け合い、力を合わせて、子どもたちを守り、「幸福」をめざして育んでいくことであり、チームワークが今こそ大切であるという言葉である。

（4）第二章「小説『新・人間革命』から」

本章は、大著である小説『新・人間革命』から、第七巻「文化の華」の章と第二十四巻「人間教育」の章を抜粋し、池田会長（＝作中での名前は山本伸一）がこれまで人間教育としての創価教育に対して取り組んできた経緯を生き生きと描き出したエピソードを紹介している。全体的に小説という形になっているため、より一層、池田会長の教育への強い思いが伝わってくると同時に、教育本部と教壇に立つ教員への期待と信頼がひしひしと伝わってくる。

第七巻「文化の華」の章では、敗戦後の日本の教育界を憂《うれ》えた会長が、「希望の灯台」を輝かせていくために、一九六一（昭和三十六）年に教育部を創設して立ち上がり、発展させていったことがまとめられている。この教育部の結成は、恩師・戸田第二代会長の遺言であった。戸田会長の時代に「創価教育学会」から「創価学会」に会の名称を変更して「教育」の文字を外したが、決して教育を軽視したわけではなく、宗教革命は即人間革命であるとして、教育だけではなく、政治、経済などあらゆる分野に人間主義の豊かな実りをもたらしていきたいという考えからだった。

その後、池田会長の要請に教育部のメンバーが応えて、メンバーの教育体験や、創価教育学の研究、応用などを発表する教育雑誌『灯台』を出版。池田会長は「世界を照らす灯台たれ」と題した巻頭言を寄稿した。

第二十四巻「人間教育」の章では、会長の人間教育への情熱とさらなる発展の経緯が見事に描かれている。会長は、国家や民族の枠を超え、生命の尊厳観に立脚した、世界市民としての新しい教育理念が確立されなくてはならないと、一貫して人間教育を訴え、それを形にしていく。その最大のものが、一九七一（昭和四十六）年、牧口会長の生誕百周年記念のときに創設された創価大学の開学の実現であった。この年は教育部結成十周年でもあった。

池田会長は、人間教育の核心は教育者自身にあり、その人格を錬磨して成長するところにあると考えていた。そうした会長の思いに応えようと、教育部のメンバーは地域社会に教育を通して貢献していきたいと考え、「教育相談室」を開設した。不登校や言語障がい、その他さまざまな教育にかかわる問題で悩んでいる人たちに対して無料の教育相談室を開設したのであった。また、「異体同心の団結」という精神のもとで、いち早く、学校、家庭、地域との連携体制の重要性を訴えた。

そして、「人間教育運動綱領」を発表し、教育者の実践原則の検討を開始して、人間教育運動を大きく展開していったことは、その後の創価教育の発展に大きな貢献をしていくことになったといえよう。

池田会長は、人間教育の理想とは、「知」「情」「意」の円満と調和にあると述べている。つまり、「知性」と「感情」と「意志」という三種の精神作用を一個の人間のうちに、いかに開花させていくかが課題であるということである。また、「自己の完成」と「他者への慈悲」とを両立していくことの重要性も強調している。

(5) 第三章「提言・所感」

「教育の目指すべき道——私の所感」は、一九八四(昭和五十九)年八月の「全国教育者総会」に寄せた池田会長の提言である。池田会長はここで、人間主導型の教育改革の理念・方向性として、「全体性」「創造性」「国際性」の三点を挙げている。ゲーテや福沢諭吉など古今の偉人の言葉も引きながら、その意味することを述べているが、ここでは印象的な点をいくつか紹介する。

■全体性

『連関性』と言い換えてもよい。ともかく、我々の周囲に生じてくる出来事や物事は、一つとして孤立して生ずるものはありません。すべては何らかの形でつながりをもち、一個の全体像を形づくっているのであります。」（一七四〜一七五頁）

ゲーテの言葉「あらゆるものが一個の全体を織りなしている。一つ一つがたがいに生きてはたらいている。」（一七五頁／『ゲーテ全集』第二巻、大山定一訳、人文書院、一九六〇年、一九頁より引用）

福沢諭吉の言葉「彼の物知りと云ふ人物は、物を知るのみにして物と物との縁を知らず、一に限りたる物事を知るのみにして其《その》物事の此と彼と互《たがい》に関《かかわ》り合ひあるの道理を知らざる者なり。学問の要は唯物事の互に関り合ふ縁を知るに在るのみ。此物事の縁を知らざれば学問は何の役にも立たぬものなり。」（一七六頁／『福澤諭吉全集』第四巻、岩波書店、一九五九年、四二一頁より引用）

■創造性

「創造性ということは、人間に与えられた勲章であり、人間が人間であることの証」（一七九頁）

「『創造性』とはまた、個性を開花させてゆく母体」（同前）

「知識はいくらでも外部から注入することはできますが、『創造性』や『創造力』は、何かが触発となって内より発してくる以外にないのであります。」（一八〇頁）

■国際性

「国際化時代が加速度的に進行する中で、有能な国際人をどう育成していくかは、日本の将来の死命を制するほどの重要性を持っているといっても過言ではありません。」（一八四頁）

また、提言の最後に記された「二十一世紀を担う主人公はまぎれもなく現代の青少年でありますが、彼らの生命の扉を開く主体者は何といっても、直接かかわっている教育者であります。」（一九三頁）という一文も、教育者へのエールとして印象に残った。

創価学会創立七十周年を記念して、二〇〇〇年九月に池田会長が発表した「教育提言『教育のための社会』目指して」では、とくに次の三点が印象的だった。第一は、「幸福」を「快楽」とはき違えたところに、教育をはじめとする戦後の日本社会の最大の迷妄があった、という指摘。第二は、牧口会長の大著『人生地理学』を通して論じている箇所で、自然とのコミュニケーション不全が人間に肉体的なダメージや死をもたらすだけでなく、人格形成に欠かすことのできない慈愛などの美徳をも毀《こぼ》してしまうという指摘であり、現在のバーチャル・リアリティーの問題が喫緊の課題であると述べている点。そして、第三は、二十一世紀を拓くキーワードは「共生」であるという点である。

『池田大作の軌跡――評伝 平和と文化の大城 Ⅰ・Ⅱ』を読んで

（潮出版社、二〇〇六・〇七年刊）

ジャン・ジオノの有名な小説『木を植えた男』（寺岡襄訳、あすなろ書房、二〇一五年版）の中に次のような一節がある。

「どんな成功のかげにも、逆境に耐えぬく苦難があり、どんなに激しい情熱を傾けようと、勝利を確信するまでには、ときに絶望とたたかわなくてはならぬことを知るべきだった。」（四一頁）

池田大作という一人の人間の〝軌跡〟とは、まさに〝平和と文化の大城〟を築くため、熱き情熱を傾注して数々の逆境や絶望と戦った歩みであり、それは未知の世界に立ち向かう先人の宿命ともいうべき〝軌跡〟だったといえるであろう。若き二十歳代から青年室長として民衆と異体同心の団結で戦った大阪の選挙、権力の弾圧を受けた夕張炭労事件、そして公職選挙法違反の疑いによる入獄と裁判闘争、さらに第三代会長就任後には公明党結成や日中国交正常化の提言、さらに二度にわたる宗門事件など、まさに息をつく暇のない戦いの連続の〝軌跡〟がそこに見られる。

こうした逆境を乗り越えさせたものとは一体何だったのだろうか。それは、池田氏の人間性に帰着するといっても過言ではない。本書の中には、次のように池田氏の人間性を表した言葉が数多く見られる。〝相手の心を引きつける「磁力」を持った人〟〝どんなに多忙でも、周囲の人の心を窮屈にさせない人〟〝青年を愛する人〟〝烈々たる言論の人〟〝正邪を明確にする人〟。

これらは、根本的に二つの精神に貫かれているといえる。一つは「慈愛の精神」であり、もう一つは「権力に対して一歩も引かない不撓不屈《ふとうふくつ》の精神」である。実はこれらは、ある意味で創価の精神そのものであるといってもよい。つまり、初代会長牧口常三郎から第二代会長戸田城聖、そして第三代会長の池田大作と続く師弟不二に基づく精神の継承と呼ぶべきものである。

これ以外にも、池田氏は創価の精神を数多く継承し、それらによって戦いに挑んできた。それは、世界平和の精神、対話の精神、連帯の精神などである。

こうした創価の精神で、池田氏が最も傾注した事業の一つに創価大学の創設がある。創価大学の設立構想は一九六四（昭和三十九）年に発表され、翌年大学設立審議会が発足。設立場所の条件として、自然が豊かであり、広大で、静かな富士の見える場所ということで、最終的に八王子に決定した。当時は大学紛争の真っただ中にあり、地域住民からの反対運動もあったが、池田氏の「教育は私の最後の事業である」という強い熱意が、地元の学会青年部員たちの自発的行動を促し、やがてそれが住民の心を動かすことになった。

池田氏の大学創設の目的は一つである。それは、世界平和に貢献する人材の育成であった。つまり、将来世界を舞台に、人類全体のために活躍する人物を輩出したい、この一点である。そしてついに、一九七一（昭和四十六）年、創価大学は開学した。後に中国、ソ連をはじめ、世界から留学生も受け入れ、友好関係を深めることになった。

まさに創価大学は、〝大木を植えた男〟池田大作により、〝平和と文化の大城〟となったのである。

（月刊誌『潮』二〇〇八年七月号）

池田SGI会長の平和提言を読んで

(1)「二〇三〇年へ　平和と共生の大潮流」(二〇一三年一月二十六日)

二十一世紀の今日においても、依然として地球上では国家間の紛争や対立、核兵器の問題、さらには貧困やさまざまな格差の問題が未解決となっている。こうした状況の中で、今回の池田SGI会長の「二〇三〇年へ　平和と共生の大潮流」と題する提言は、以下のようないくつかの理由から、きわめて意義深いと私は考える。

第一は、二〇三〇年に創価学会は創立百周年を迎えることになるが、これまでの牧口初代会長、戸田第二代会長から一貫して継承されてきた創価のさまざまな精神を、ぜひともこの区切りの年に結実したいという池田SGI会長の熱い訴えが込められている内容であるということである。

第二は、今回の提言では、これまで貫かれてきた創価の精神の中で、地球市民として私たちが今後生きていくために最も重要であり、社会が蔑《ないがし》ろにしてはならないものでもある「生命の尊厳」を、精神的基軸として中核に据えたということである。

そして第三は、その尊厳ある生を取り戻すための方向性として、①破壊から建設へ②対立から共生へ③分断から連帯へ、それぞれ方向転換を図る挑戦が重要であると指摘しているということである。ややもすると我々人間は「単なる自己生存」の意識しかない傍観者となりがちである。だが、池田SGI会長は提言の中で、「民衆連帯」としてのダイナミックな実践運動を促し続けている。

最後に、人間の内面（意識）を変えることは困難である。その最も困難なものに挑戦し続けているところに心から敬意を表したいと思う。

（2）「地球革命へ価値創造の万波を」（二〇一四年一月二十六日）

「万波」という言葉は一般に耳慣れない言葉かもしれない。だが、池田SGI会長の今現在の思いは、この言葉に込められているように感じる。「万波」の意味は、幾重にも寄せてくる波のことである。つまり、地球自体が人口増加や異常気象による自然災害を被り、また戦争や貧困などの人為的なさまざまな問題が一層深刻になってきている中で、「価値創造力の豊かなるもの」としての人間一人一人が連帯結集して、持続可能な地球社会の再構築に立ち向かわなければならないということを意味しているのである。その意味で、池田会長が提起する三点、すなわち、①常に希望から出発する

価値創造 ②連帯して問題解決にあたる価値創造 ③自他共の善性を呼び覚ます価値創造は、まさに今日最も重要な意識改革の要因であるといえる。
①は、一人一人が社会のためや未来のために自分にしかできない価値創造への挑戦をしていかなければならないこと、②は、一人の力では果たせないことも、創価の伝統的な精神の一つである連帯によって問題を解決していくことが重要であること、そして③は、「一人一人の善性を薫発《くんぱつ》するエンパワーメントを通し、誰もが人間の尊厳を守る主体者として貢献できる社会を目指しながら、皆の力で人権の強度を高めていく挑戦に他なりません」と述べられているように、寛容の精神を持って価値を創造していくことが何よりも重要であると論じている。

（3）「人権の世紀へ　民衆の大河」（二〇一八年一月二十六日）

第四十三回「SGIの日」に、池田会長が「人権の世紀へ　民衆の大河」と題する記念提言を発表されましたことを心よりお慶び申し上げます。また、貴学会が当初からかかわられていたICAN（核兵器廃絶国際キャンペーン）がノーベル平和賞を受賞されましたこと、誠におめでとうございます。

これまでにも池田SGI会長の記念提言を拝読してきましたが、改めて会長の人類平和への強い思いや人権や教育への大きな期待が心に伝わってきました。

「世界人権宣言」採択七十周年という記念すべき年に、こうした提言が出されたことも大変大きな意味があると思います。なぜなら、現在の世界情勢を見たとき、たとえば北朝鮮の核開発の脅威や、それに対抗するアメリカの自国第一主義、あるいはヨーロッパ諸国の右傾化など、人類を破滅の方向に導いてしまいそうな要因が多数見受けられるからです。

今回の提言で、とくに印象に残った点は以下のとおりです。

【倫理と政策の融合の可能性について】

倫理と政策の融合を見出《みいだ》すための鍵は、一人一人の生命と尊厳に根ざした「人権」の視点であるという池田会長の指摘に共感しました。牧口初代会長の「価値創造の豊かなる存在としての人間」という人間観を両者が共通して認識することにより、初めて融合が可能であるのではないかとも感じました。

また、引用されているマンデラ氏が獄中生活の中で発した「人の善良さという炎は、見えなくなることはあっても、消えることはない」(『自由への長い旅——ネルソン・マンデラ自伝(下)』東江一紀訳、日本放送出版協会、一九九六年、四四六頁)という言葉には、究極的な人間への信頼が込められていると思いました。さらに提言の次の言葉はとくに印象的でした。

「牧口会長の思想の根幹には〝価値は関係性から生じる〟という哲学がありましたが、異なる存在を結ぶつながりを広げることは、人権を巡る課題を前に進める上でも欠かせない要素であると私は考えます。」

【子どもたちと高齢者の人権教育について】

池田会長は、人権教育の重要性を強調されていますが、とくにその意義を「差別を助長する〝無意識の壁〟の存在に目を向けさせ、日々の行動を見つめ直す契機となるもの」と指摘しています。ここで述べられている〝無意識の壁〟は、依然として根深い問題であると考えられます。

また会長は、難民と移民の子どもたちなど、厳しい状況下にある「子どもたちの教育機会の確保」を各国共通の政策にすることを強く呼びかけたいと述べておりますが、この点も大変重要であると考えます。

さらに今回の提言の中で、高齢者の人権に関する提案もされています。とくに興味深い点は、高齢化率が最も高い日本において「第三回高齢化世界会議」を開催することを提唱している点です。そして、「エイジング・イン・プレイス」と呼ばれる〝高齢者が住み慣れた地域で、生きがいと尊厳を持って生き続けられるために何が必要か〟との点に立脚した規定を盛り込むべきであるという指摘は、大変傾聴に値すると思います。

【平和・軍縮教育について】

平和・軍縮教育について、とくに次の言葉が印象的でした。

「本年から開始する『民衆行動の十年』の第二期では、平和・軍縮教育の推進にさらに力を入れながら、核兵器禁止条約の普遍化を促し、禁止条約を基盤に世界のあり方を大きく変えていくこと――具体的には、禁止条約を支持するグローバルな民衆の声を結集し、核兵器廃絶のプロセスを前に進めることを目指したいと思います。」

文中の「民衆の声を結集」していくための中核になるのは、やはり民衆とともに歩み続け、世界市民の幸福を常に願い、それを中核的理念とされている創価学会であり、創価学会こそ先頭に立って実現していくことであろうと期待しております。

(4)「平和と軍縮の新しき世紀を」(二〇一九年一月二十六日)

第四十四回「SGIの日」に、池田会長が「平和と軍縮の新しき世紀を」と題する記念提言を発表されましたことを心よりお慶び申し上げます。

改めて池田会長の人類平和への強い思いや、グローバルの視点からの軍縮への大きな期待に共感と感動を覚えました。とくに今回は、二十一世紀の世界の基軸に軍縮を据えるための足場について、大きく三つの視点から論じられています。それらの内容から、とくに印象に残った点を次に述べさせていただきます。

【平和な社会のビジョンについて】

このことについて、会長はヴァイツゼッカー博士の言葉を数多く引用されておりますが、とくにベルリンの壁崩壊後に述べられた「制度化された戦争の克服は、残念ながら現況ではまだ精神の根源的変革の域に達していません」という博士の言葉に対し、共感されている点が興味深いと思います。すなわち、冷戦が終結しようとも、その根底にある人間の生命や生き方にかかわる精神的認識がしっかりと確立していなければ何もならないということです。会長はその点について、「平和と軍縮の問題は、冷戦時代から現在に至るまで〝地続き〟となっており、アポリア（難題）として積み残されたままであることが浮き彫りとなるからです。」と述べられています。

これに関して、生命の尊厳という崇高なる精神のもとに「原水爆禁止宣言」を発表した戸田第二代会長の功績は改めて大きいと考えます。創価学会には、今後もこの宣言を世界中に広めていっていただきたいと考えます。

【人間中心の多国間主義について】

池田会長は、人間中心の多国間主義を共に育《はぐく》むことが重要であると主張しています。とくに「無関心と無慈悲が苦しみを強める」という見出しのもとで述べられた、次の言葉は印象的です。「〝自分たちの国には関係がない〟とか〝自分たちの国の責任ではない〟と考えてしまう傾向がみられます。『人間中心の多国間主義』は、こうした国の違いという垣根を超えて、深刻な脅威や課題に苦しんでいる人々を救うことを目指すアプローチなのです。」

アメリカやヨーロッパの国々でも自国第一主義を掲げ、世界市民という意識が希薄化している今日、池田会長のこの人間中心の多国間主義の考え方は重要であると考えます。

【青年による関与を主流化させることについて】

現在、国連では多くの分野で「青年」がキーワードになっていることは大変希望が持てるものだと思います。また、「ユース２０３０」の戦略により世界中の青年たちのエンパワーメントが進められようとしていることも、とても重要であり期待されることだと思います。やはり、これからの未来を切り拓《ひら》いていく若い人たちが元気で、世界の平和や軍縮を推進していってもらうことは何よりも重要です。

最後に、やはり常に民衆の視点に立ち、共に歩み続け、世界市民の幸福を中核的理念とされているのが創価学会であると確信しております。今後さらに貴学会の役割の重要性は増してくるでしょう。貴学会の益々のご発展を心より祈念しております。

（5）「人類共生の時代へ　建設の鼓動」（二〇二〇年一月二十六日）

第四十五回「ＳＧＩの日」を迎えられましたことを心よりお慶び申し上げます。

今回も、今日の混迷する世界情勢において大変重要な提言であると考えます。とくに印象に残った点について、以下に述べてみたいと思います。

【困難な状況に陥った人々を誰も置き去りにしないということについて】

近年温暖化などにより世界的規模で自然災害が発生しており、それに対する対応策が喫緊の課題となっています。まず重要な視点は、人類だけではなく地球全体が生き残っていくための対応策を、人間が互いに対話を通して議論し、知恵を絞って解決していかなければならないことです。

しかし、会長も「多くの人々の犠牲の上に自らの安全と繁栄を追い求めるような『軍事的競争』や『政治的競争』や『経済的競争』は、残念ながら今なお世界から消え去ってはいません。」と指摘されているように、自国優先主義などのエゴイズム的発想により、人間の思考が現実の世界では経済、政治、軍事などの各競争を優先して、人間や生命からの視点が欠落してしまっているといえます。

人間は一人では生きられないわけであり、多くの人やものなどと「つながり」（連関）をもって生存しているわけです。会長も数多く引用されていますが、改めて牧口常三郎初代会長が著した『人生地理学』や『創価教育学体系』に見る思想が、今こそ全世界に広く認識されなければならないと考えます。とくに、「平凡な一人の乳児も、その命は生まれた時から世界につながっていたのだ」（『牧口全集』一：一三頁。趣意）という言葉が、何よりもそれを物語っていると思います。

【危機感の共有だけでなく、建設的な行動を共に起こすことの重要性について】

会長が指摘しているように、多くの人々が行動していく上での「結集軸」を掲げる必要があると思います。私はそのためには二つの「結集軸」が必要であると考えます。一つは思想としての「結集軸」であり、もう一つは行動としての「結集軸」です。前者は先にも述べましたが、現在人類に蔓延《まんえん》している利己主義や悲観主義の意識改革であり、後者は持続可能な社会を具体的に構築していく方策です。

利己主義や悲観主義を利他主義や楽観主義に変えていくことは、そう簡単なことではないと思います。しかし、世界中のさまざまな分野の人間が生命という視点から危機感を共有し、一つの「運動」（ムーブメント）として広げていくことにより可能性が見えてくると考えます。持続可能な社会の構築については、現在ＳＤＧｓの活動が世界中で実施され、日本でも行われてきています。池田会長も、マータイ博士の「私たちは、自らの小さな行いが、物事を良い方向に変えていることを知っています。もしこの行いを何百万倍にも拡大することができたなら、私たちは世界を良くすることができるのです。」という言葉を紹介していらっしゃいますが、まさに一人一人の人間の身近での「小さな行い」が、やがて大きなムーブメントとなるということです。私たち大学関係者も積極的に学生への啓発を始め、行動していかなければならないと考えています。やはり、これからは未来を切り拓いていく若い世代が中心となって活動していくことが肝要です。

【教育の機会を失った子どもたちへの支援について】

池田会長が指摘されている次の文章に、改めて驚愕《きょうがく》します。

「世界では、こうした紛争や災害の影響で教育の機会を失った子どもや若者の数は一億四百万人にも及んでいますが、人道支援の資金の中で教育に配分されるのは二％ほどにとどまってきました。」

教育は未来を担っていく子どもたちを育成していく国の根幹にかかわる仕事です。ジョン・デューイが『民主主義と教育』（帆足理一郎訳、春秋社、一九五〇年）の中で「教育はそれ自体目的である」（一一一頁。趣意）と指摘しているように、教育の目的は子どもの連続的成長を支援・援助していくことです。しかし現実には、歴史的に教育は政治、経済、軍事などの手段と化して、その時代時代に合った「人材」を生産していくということに終始しています。とくに、経済的に困窮している子どもたちや災害や病気で苦しんでいる子どもたちなどは、その犠牲となってきています。その負の循環をどこかで断ち切っていかなければなりません。一つの手がかりとして、池田会長が提案されている「教育のための国際連帯税」の創設をはじめ、資金基盤を強化するための方策を検討していくことは大変素晴らしいと思います。

以前より池田会長が訴えている「教育のための社会」を建設していくために、今こそ牧口初代会長、戸田第二代会長、そして池田第三代会長の一貫した「価値創造の豊かなる存在としての人間」という人間観、原水爆禁止などの平和主義、対話重視の共生的精神などの「創価の精神」を、世の中に広く流布させていくことが重要であると考えます。

（「聖教新聞」二〇二〇年三月二十七日付）

「平和の文化と希望展」挨拶

ただいまご紹介いただきました作新学院大学学長の渡邊です。

本日は、「平和の文化と希望展」の開催、誠におめでとうございます。

貴学会は、人類の平和への強い思いを持ち、人権や教育への大きな期待を寄せてこられました。

戸田第二代会長の「原水爆禁止宣言」や、貴学会が当初からかかわられていたＩＣＡＮがノーベル平和賞を受賞されましたことなどは、その証しであると思います。

今年は、世界人権宣言の採択七十周年という記念すべき年ですが、世界情勢を鳥瞰《ちょうかん》しますと、依然として人類を破滅の方向に導いてしまう要因が多数見受けられます。

そうした中で、現在少子高齢化が一段と進んでいます。厳しい状況下にある子どもたちの教育機会の確保をどうするかや、高齢化率が高い日本において高齢者が住み慣れた地域で生きがいと尊厳を持って生きるためにどのようなことが必要かなど、私たちはこれまで以上に真剣に考えていかなければならない時期に来ていると考えます。

その意味で今回の「平和の文化と希望展」の開催は、意義深いものと思います。多くの方にぜひご覧いただきたいと祈念して、挨拶とさせていただきます。ありがとうございました。

（二〇一八年十二月五日）

【第四章】

現代に広がる創価教育の実践記録運動

一　教育実践記録運動に見る実践から理論への展開

(1) 教育実践記録運動の淵源

創価教育の精神の継承と並行して、さらに見逃せない重要な継承があります。それは、創価の精神を中核に据えながら日々実践してきた教師たちの教育実践記録の継承です。この実践記録の継承は、創価教育の精神の淵源《えんげん》よりかなり前に遡《さかのぼ》ると考えられます。具体的には、一八九二(明治二十五)年、牧口常三郎氏が二十一歳の教生時代からです。

牧口氏は「四十五年前教生時代の追懐」の中で、次のように述べています。

「明治廿五年の六月中旬、突然教生を命ぜられた。後期の配当であつたが同級の一人が事故退学の為の補欠としてゞあり、生れて始めて教壇に上つたのであるから、その狼狽《ろうばい》振りは思ひやられる。それでもまあ子供等が云ふことを聞いたものだと、今でも冷汗《ひやあせ》が出る。高等科一年の女生(今の尋常五年相当)受持ちで、一番困つたものは綴方《つづりかた》であつた。

（中略）『何か書け』と命じたが（中略）大部分は鉛筆をなめるだけである。」（『牧口全集』七：四〇九〜四一一頁）

このような困惑の中から、牧口氏は「文型応用主義」という独創的な作文指導方法を開発することになりました。それは、①市内の「新川《しんかわ》」（明治に作られた人工河川）の題で教師が模範の作文を示す、②「創成川《そうせい》」（幕末に引かれた水路）の題で教師と児童が一緒に作る、③「豊平川《とよひら》」（自然の川）の題で児童が書く、といったようなものです。牧口氏が授業について悩み、反省し、そしてどうすればよりよい授業ができるのか、その手立てや工夫を真剣に考え、最終的に「文型応用主義」を開発したことに、今日の教育実践記録の淵源があると考えれば、すでに百二十年の伝統があるといえるでしょう。

さらに牧口氏は、自身が小学校の校長として日々書きためてきたメモの山をまとめ、理論と実践の書といわれる『創価教育学体系』を一九三〇（昭和五）年十一月十八日に発刊しました。その第一巻の中で、教育が学問として発達していくことを期待するとすれば、まず教育の事実から出発し、経験を重視しながら帰納的方法によって研究を行っていかなければならないとして、次のように論じています。

「日常の経験をよく反省して成功・失敗の実跡を確め、其の過程を分析するならば、其の間に貴重なる真理を見出《みいだ》す事が出来るのである。」(『牧口全集』五:一八頁)

(2) 教育実践記録運動の提唱

やがてこの考えは、牧口初代会長の実践を踏まえた池田第三代会長の提言「教育の目指すべき道――私の所感」の中の次の提案により、一九八四(昭和五十九)年から「教育実践記録運動」として本格的に開始されることになります。

「具体的な教育実践の中で、新たな青少年観、成長発達観を練り上げ、皆さまの手で今日的な教育理論を構築していっていただきたい」「教育活動の基本である授業記録の着実な蓄積を期待したい」(『池田全集』一:五一九〜五二〇頁)

ちなみに、当時は校内暴力、いじめ、登校拒否など、学校の荒廃が顕著になってきた時期であり、それに対処するために国は「ゆとりある教育」を提唱し、さらには抜本的な改革の必要性から臨時教育審議会が開催された頃です。こうした中で、創価教育は、地道ではあるが最も大切な教育の実践記録の蓄積に基づく改善の方向へと進んでいったのです。教育実践記録とは、子どもの幸福を第一と考える教師たちが、子どもたちと日々厳しく向き合いながら奮闘、挑戦し、互いに成長し合うための記録です。

(3) 教育実践記録運動の特徴と現代的意義

一九八四年に開始されたこの運動による実践記録は、二〇〇三(平成十五)年十二月に二万六十六事例、一〇(平成二十二)年に三万五千事例に増加し、さらに一一(平成二十三)年には五万事例に達しました(二〇二〇年には十四万五千事例に)。これら多くの実践記録は、単に実践したことをまとめたものでは決してありません。「実践記録ABC分析法」という方法により、すべて一定の合理的方法によって事例分析されております。具体的には、ABCとは、「A—子ども、学級の実態」、「B—教師の手立て・工夫」、「C—子ども、学級の変容」

です。
私は、二〇一〇年十月三十一日に、創価学会神奈川文化会館で開かれた「創価教育八十周年記念シンポジウム　教育の明日を考える――創価教育と実践記録運動」に参加させていただきました。そのとき三人の先生が実践報告をされました。それらはすべて子どもと教師との厳しい向き合いの中で繰り広げられた奮闘の報告でした。中でも、最後の校長先生の報告は大変興味深いものでした。それは三千事例の実践記録から、手立てが明確で変容が見事な百事例を抽出し、数多く出てくる言葉をグループ化して、その共通点を挙げるものでした。その具体例が次です。

あきらめない、信じる、引き出す、安心、待つ↓信じる
受け容れる、認める、聴く、見守る、理解する↓受け容れる
ほめる、笑顔、喜ぶ　↓励ます
寄り添う、サポート、支援　↓支える
人間関係、協力、交流、連携、対話、かかわり↓つなぐ

しかし、その校長先生は、「事例は子どもと先生との格闘の記録である。この分析では、何度裏切られても信じてかかわってきた姿が表しきれない」と、さらに検討を重ねられ、最終的に次のように結論づけられました。

信じる　　↓信じ抜く
受け容れる↓ありのまま受け容れる（その子のいいところも悪いところも）
励ます　　↓励まし続ける（変容が見えるまで）
支える　　↓どこまでも支える
つなぐ　　↓心をつなぐ（子どもと教師の心がつながる、親と子どもの心がつながる、教員同士の心がつながる、地域と教師がつながる——など）

この五つの言葉によって、改めて先生方の日々の奮闘努力の実態を実感させられたと同時に、創価教育の中に本来の教育の姿を垣間見させていただいた思いでした。

子どもの幸福を教育の第一の目的として、その目的実現のためにどこまでも「価値創造力の豊かなる存在」としての子どもという人間観と、慈悲・慈愛の精神や開かれた対話の実践によって子どもたちの成長を図っていこうとする創価教育こそ、今日のさまざまな問題が山積しているわが国の教育界に最も必要なものであると考えます。

なお、創価教育では、以上のような実践記録運動とあわせて、同記録の成果を発表する実践報告大会を一九七六（昭和五十一）年から開催しており、教育実践記録運動自体も世界に広がりを見せています。今後も、この広がりが一層大きくなることを心から期待しているしだいです。

（4）現代に広がる創価教育の実践活動

それでは最後に、以上お話ししてきた創価教育の理論的特徴とその先見性および現代的意義を踏まえながら、現代に広がる創価教育の実践活動について、いくつかお話ししたいと思います。

創価教育の実践内容はもちろん素晴らしいものですが、それと同時に牧口氏の『創価教育学体系』発刊からわずかの期間で、その思想や実践活動がこれほど世界中に広がったことに驚きを感じております。それは、現実的には池田会長をはじめとする多くの方々のご努力があったからでしょう。そしてもう一つの理由は、おそらく牧口氏の創価教育の考え方が多くの人たちの共感と理解を得るに足るだけの、十分な実践に基づいた価値ある理論であったということが考えられます。

まず第一は、「教育実践記録運動に見る実践から理論への展開」についてです。

牧口氏は、最初にお話ししたように、実践経験から理論を構築していくこと、すなわち「実際の学問化」が大切であると一貫して主張しています。

その考え方が、現在「教育実践記録運動」として大きく広がりを見せて展開しています。創価学会教育本部が二〇〇〇年十月に発行した『教育の目指すべき道――教育実践事例一〇〇〇件』（鳳書院、二〇〇〇年）という本と、『輝く子どもと人間教育――「教育のための社会へ」』（鳳書院、二〇〇六年）というブックレットを読ませていただきました。その中には、多くの実践事例が掲載されており、どの実践も素晴らしいものです。一般的に、特定の人間の特定の実践は誰にでもできるというわけではありません。むしろ不可能といってよいでしょう。つまり、ある教師がうまくできても別な教師がうまくできるとは限らないということです。また、ある方法がうまくいくと、それがやがて一種のマニュアルになり、機械的になってしまう恐れもあります。

こうした問題を解決するために、創価教育では「実践記録」をつけ、各自がその記録から客観的事実を取り出していこうとすることは大変重要で意義深いことだと思います。先ほど紹介した『教育の目指すべき道——教育実践事例一〇〇〇〇件』の中で、ある中学校教師が、この「実践記録」について述べていた次の言葉が印象的です。

「ともすれば、自分を見失ってしまいそうな時に、記録を綴《つづ》っていく。少しでも自分を振り返っていくということで、子どもを見つめ、また自分を見つめ、さらに今日《きょう》も自分自身に負けずにがんばろうという、自分自身に対する挑戦の日々が送れるということで、かえって、人の痛みや苦しみが感じとれるような教師への成長でもあるのではないかと日々、実感しています。」（一一九頁）

これに関して、牧口氏も「教育技術の分析観察」と題して、教育技術について分析観察して、その一つ一つの因果関係を解剖し、たとえ少しでも成功失敗の理由を説明しておき、後進の指針の役に立つものを企《くわだ》てることが大切であると指摘しております（『牧口全集』六：四六八〜四六九頁）。

また、二万事例の教育実践記録を分析して、子どもや学級とのかかわりの中から実態を把握し、課題を解決する共通の手立てや工夫をまとめた「実践記録ABC分析法」の試みも素晴らしいと思います。まさに、牧口氏が述べられていることを実現しているといってよいでしょう。これからもぜひ、「実践記録学習会」や「全国人間教育実践報告大会」などによって、実践記録運動を発展させていっていただきたいと思います。

二　人間教育実践報告大会の講評

（１）千葉県人間教育実践報告大会

ただいまご紹介をいただきました、宇都宮大学の渡邊でございます。どうぞよろしくお願いいいたします。本日は千葉県人間教育実践報告大会にお招きいただき、誠にありがとうございます。

ただいま三人の先生方の素晴らしいご発表をうかがいましたが、まずはじめに感じましたことは、これまでの長い創価教育の伝統が、まさに今日においても脈々と続いているということです。それは、牧口初代会長から戸田第二代会長、そして第三代の池田名誉会長へと継承されていることであり、教育部のお一人お一人が心に刻んでおられる「子どもにとって最大の教育環境は教師自身」ということ、もう一つは「開かれた対話」ということです。

これらを絶やすことなく、今日まで継承、継続させてこられた全国の教育部の皆さまに心より敬意を表したいと思います。

現在、子どもと教師を取り巻く環境は、以前にも増して複雑多岐に及んでいるように思われます。そうしたさまざまな困難な状況にありながらも、教師自ら積極的に問題を解決していこうとする姿勢が、本日のご発表の中に数多く見られました。その対応も、教師の権威や権力に基づく対応ではなく、あくまでも子どもたちの〝幸福〟を第一に考えた慈愛に満ちた対応であります。

①講評「笑っているえっちゃんになったね」

まずY先生のご発表についてですが、教師になれた喜びと〝何をしたらよいのか〟と戸惑う自分との間で悩むということは、おそらく誰もが最初に経験することではないかと思います。したがいまして、Y先生も例外ではなかったわけです。一般には、途中で挫折してしまう教員が少なくないわけですが、しっかりと目標を掲げて、子どもたちと向き合いながら問題を解決していった点が素晴らしいと思います。

具体的には、第一に「ほめて伸ばす」ということを心がけて、子どもたちのよいところを見つける「いいとこさがし」などを実践している点です。第二に、えっちゃんと一対一で向き合い、根気よく話し合いを続けた点です。一対一で話し合う際、Y先生は大切なことをしっかりと心がけていたと思います。それは、真摯《しんし》に子どもの話を〝聴く〟ということ、そしてその上で〝紙に書いてごらん〟という適切なアドバイスをしていることです。

Y先生の場合も、対話を通して信頼関係を構築しながら、子どもたちも教師も両方とも、まさに「善なる力の内発的な薫発《くんぱつ》によって互いの人間性を回復」していったといえます。最後に「先生を先生にしてくれてありがとう」という言葉がございましたが、先生を先生にしてくれるのは、まさに〝子どもたち〟だと改めて感じました。

②講評「先生、歌えたよね」

現在、学級経営で悩んでいる先生方が多いと聞きますが、そうした中でT先生は〝異体同心〟をクラスの合言葉（スローガン）として強く掲げられ、やはり一対一の対話を真摯に続けていることが何より素晴らしいことだと思います。

T先生は、まさに「温かく見守り、励まし、支え、前進する手助け」をして、どこまでも生徒たちを信頼しながら、生徒たちの中に働く〝価値創造力〟を大きく豊かに広げていき、生徒たちの心に希望の炎をつけたといえます。

③講評「変わりましたね！　子どもたち！　―対話と信頼で築く学校をめざして―」

最後のY校長先生のご発表にも、創価教育の伝統が脈々と流れていると強く感じました。「学校は何事にも生徒第一でなければならない。そうでなければ、教育は行き詰まる」という池田名誉会長の精神を心の支えとして、学校を去る生徒たちや無理解な保護者たちなど、崩壊寸前の中学校を立て直されたそのご努力に、まず心より敬意を表したいと思います。

池田名誉会長は、著書『希望の世紀へ　教育の光』（鳳書院、二〇〇四年）の中で、「『教育革命』は『教員革命』から始まる」（一一三頁）と述べております。

Y先生は〝挑戦〟という言葉を学校全体のテーマとして、自らも進んで生徒、教員、そして保護者の中に、先のお二人と同様に「対話」によって飛び込んでいきました。とくに、直接子どもたちとかかわる教員の意識改革については、生徒のために力ある人材として育てたいという思いから、さまざまな反発の声にもめげず、教職員とよく話し合い、意識を変えていきました。その苦労は並大抵のことではなかったと思います。

これからも、「開かれた対話」と「子どもにとって最大の教育環境は教師自身」という言葉を念頭におきながら、子どもたちの〝幸福〟のために、また彼らの価値創造力を開花させていくために、教師一人一人が慈愛の心を持って、彼らと向き合っていただきたいと心から願うしだいです。

最後になりますが、創価学会の益々のご発展と教育部の一層の充実、そして千葉県の学会および教育のご発展を祈念しまして講評とさせていただきます。

ご清聴、ありがとうございました。

(2) 栃木県人間教育実践報告大会

ただいまご紹介いただきました作新学院大学学長の渡邊です。よろしくお願いいたします。栃木県での人間教育実践報告大会の開催、誠におめでとうございます。

私も日頃から人間教育を主張しておりますが、創価教育は、すでに牧口常三郎初代会長以来、約百年近くの長きにわたって、脈々と今日に至るまで人間教育を訴え続けておられますことに、敬意を表したいと思います。

創価教育は、①人間主義 ②平和主義を基本として、世界市民の精神や、開かれた対話の精神、慈悲慈愛の精神など、人間教育に必要な精神をあますことなく着実に継承されてきております。このことは、現在の混迷する教育界にあって大変意義深いことであるといえます。

これらの精神を中核に据えながら、日々実践されてきた先生方の実践記録の継承もその一つです。その中には、先生方と子どもたちとの並々ならぬ奮闘の記録が脈々と綴られています。

今日発表された三人の先生方のご報告も、そのことを表していると思います。

単に「信じる」ではなく「信じ抜く」ことであり、単に「励ます」ではなく「励まし続ける」ことであり、「支える」ではなく「どこまでも支える」ことであり、対話し続けること、そしてどこまでも親や地域、教員同士と心をつないでいくことなど、これらの大切さを改めて私たちに教えてくれています。

①講評「生徒の可能性を信じ抜く」

「生徒の可能性を信じ抜く」を報告されましたM先生は、二人の生徒をどこまでも信じ抜き、毎日放課後二人の家を訪問し続けました。M先生は「真っ暗なトンネルの中」と表現されていましたが、その中で池田名誉会長の言葉に出合い、勇気とやる気がわきあがり、再び信頼を勝ち取り、さらに生徒たちと先生たちの協力も勝ち取られたことは、素晴らしいことだと思います。「絶対に子どもを見捨てない」という強い精神と、常に生徒と向き合い、寄り添い、対話を重ね、生徒の生きる力を覚醒させたことは、どこまでも生徒を信じ抜いた結果であると思います。ぜひこれからも生徒たちを信じ抜いて、どこまでも親や地域、教員同士と心をつないでいっていただきたいと思います。

②講評「その子だけの、その子らしい『花』を育てよう」

次のS先生のご報告は、三人の生徒さんとの奮闘の記録でした。とくにたかしさんとはどうかかわっていったらよいかまったくわからない状況の中で、池田名誉会長の「子どもにとって、最大の教育環境は教師」、そして『学ぶ楽しさ』と『成長する喜び』を経験させてあげることが、教育にとって最も大切なことです」(『教育の世紀へ——親と教師に贈るメッセージ』第三文明社、二〇一一年、一〇〇頁)という言葉に励まされ、学ぶ側になって考え、本人が持っている力を引き出してやりたいと、自らを変えていった点が素晴らしいと思います。そして、心を開いてほしいという願いから、人間同士のコミュニケーションの基本である「挨拶」からスタートし、どこまでもあきらめず挑戦させ、よい点は大いにほめて伸ばしていった点も見事だと思います。その結果がさまざまな素晴らしい賞につながっていったと考えます。

ぜひこれからも、生徒たちに学びの楽しさと成長する喜びを経験させてあげてください。

③講評「目の前の一人を大切に」

最後にご報告してくださったI副校長先生のお話も、先のお二人の先生と同様、大変心に残るものでした。まず、「現在悩んでいる子どもに寄り添い、共に一歩ずつ前に進めることに喜びを感じています」という言葉に感動しました。そのように考えられるきっかけをつくってくれたのは、小学三年生の花子ちゃんとの出会いでした。はじめは文字も十分に読めず、人とのコミュニケーションもうまくとれない花子ちゃんに対して、I先生は自分の感情をそのままぶつけて、花子ちゃん自身が問題であり、つい「自分を困らせないでほしい」と言ってしまったということでした。

そのような自己懐疑の状態の中で、創価学会教育本部の先輩の言葉が、I先生を大きく変えることになったわけです。「君の守りたいのは、花子さんですか、それとも自分ですか」という言葉は、人間教育の根幹にかかわる重要な言葉だと思います。つまり、学ぶ人間の側に立って教育するということが人間教育ですから、そのことを一言で助言したこの先輩はまさに人間教育者だと思います。「最も大切なことは、花子さんの幸せを祈り、尽くしていくことです」という言葉にも慈愛の心を感じます。

このことによってI先生は、「花子さんにとっての励ましの太陽になろう」と心から決意できたのだと感じます。「先生の顔、こわくなくなった」――この言葉に、子どもと教師との信頼関係が取り戻せた要因のすべてが含まれていると思います。

ぜひこれからも、どこまでも子どもを信じ抜き、励まし続け、子どもたちの太陽になっていってください。

結びに、創価学会と人間教育実践報告大会の益々のご発展と、本日お集まりの先生方のこれからの益々のご活躍をご祈念申し上げまして、講評とさせていただきます。ありがとうございました。

【第五章】

人間主義の教育への改革をめざして

（公明党栃木県本部での講演〈二〇一八年八月二十六日〉）

一　はじめに

皆さんこんにちは。ただいまご紹介をいただきました作新学院大学学長の渡邊です。よろしくお願いいいたします。本日は公明党の研修会にお招きいただき、教育についてお話しする機会をいただきまして、誠にありがとうございます。

公明党が結成されましたのが一九六四（昭和三十九）年十一月とうかがっておりますが、すでに五十四年の歴史を刻んでこられていることに敬意を表するしだいです。しかも、中道主義、人間主義を基軸として、常に大衆、国民の「生命・生活・生存」を最大に尊重し、「平和の党」「福祉の党」「環境の党」「クリーンな党」として歩んでこられていることに改めて敬意を表するところです。

そうした公明党ですので、改めて教育について私がお話しするまでもないかと思いますが、こうした機会を与えていただきましたので、皆様と一緒に、人間主義の教育とはどのようなものなのか、またこれまでの歴史を踏まえて日本は本当に人間主義の教育に向かおうとしているのか、さらには現在の公明党が掲げられている教育の公約について、私見を交えながら考えていければと思います。

現在、アメリカは言うまでもなく、ヨーロッパの国々や中国をはじめとするアジアにおいても自国第一主義、保守主義、ポピュリズムの傾向などが強まっております。また、南北問題や移民問題などをはじめ、経済的格差が一段と世界的に広がってきています。さらに、ご承知のように、文部科学省や財務省、あるいは日大や東京医科大の不祥事が相次ぐなど、日本人の倫理観、教育観等の未成熟さが露呈してきているといえます。

これに関連して、参考までに、夏目漱石は『私の個人主義』という講演の中で、今から約百年前に次のように予見し警告しています。

「今までの論旨をかい摘《つま》んで見ると、第一に自己の個性の発展を仕遂げようと思うならば、同時に他人の個性も尊重しなければならないという事。第二に自己の所有している権力を使用しようと思うならば、それに附随している義務というものを心得なければならないという事。第三に自己の金力を示そうと願うなら、それに伴う責任を重《おも》んじなければならないという事。（中略）これらを外《ほか》の言葉で言い直すと、いやしくも倫理的に、ある程度の修養を積んだ人でなければ、個性を発展する価値もなし、権力を使う価値もなし、また金力を使う価値もないという事になるのです。」（講談社学術文庫、一九七八年、一四七頁）

ちなみに、「修養」を英語で訳せば、「culture」ですが、これは一般に「教養」「文化」と訳されます。この動詞が「cultivate」で「耕す」という意味です。つまり、「人間一人一人が自分の素地を耕していく」ということになります。「修養を積んだ人」とは、まさに「自分の人間としての最も奥深いところにある良心の声を聞きながら、自らの素地をしっかりと耕し続けていく人」という意味ととらえることができます。

現在の世界的に憂《うれ》うべき状況の中で、我が国はどのような方向に進んでいくべきなのか、そのために、とりわけ国の基盤となる教育を今後どのように考え、実行していったらよいのかということを、いま一度根本から考えなければならないと思います。

二　「教育」という言葉の起源と意味・関心

(1)「教育」の意味

さて、多少基本的なことからお話しさせていただきますが、日頃私たちが使っている「教育」という言葉の起源と意味はご存じでしょうか。

「教育」という言葉が生まれたのは東洋でも西洋でもほぼ同じ時代、紀元前五世紀から四世紀でした。東洋では『孟子』という書物に初めて登場しますし、西洋でもさまざまな文献の中に登場します。

では、どのような意味として人類はこの「教育」という言葉を使い始めたのでしょうか。実は大変シンプルな意味として使っていたのです。すなわちそれは、「子ども（広くは人間）をよくしようとすること」という意味です。ギリシア語で「パイデイア」と言います。単に育てるとか教えるということではなく、「よくする」という言葉を用いるようになったのです。その背景には、人間が「よく生きる」ということへの本格的な自覚が生まれてきたということがあります。国家ができ、組織的・計画的に「よくしていこう」とすることがそれぞれの国で始まり、学校もできてきたわけです。つまり、子どもが「よくなってほしい」という親や教師たちの願い、あるいは祈りから生まれた言葉であるということです。

(2)「教育」への関心

さらに、教育を考える場合、教育についての関心は大きく六点あります。①対象となる人間への関心、②よくする場合の目的への関心、③どのようなものでよくするのかという内容への関心、④どのようによくするのかという方法への関心、⑤どのような場所でよくするのかという組織・機関への関心、そして最後に⑥よくしようと働きかける教師への関心です。

この中で、最も中核となる関心が、①人間への関心と②目的への関心です。すなわち、人間観と目的観の問題です。この二つの考え方の違いによって、まったく異なった教育のあり方となるということです。山登りに喩《たと》えるならば、その山がどのような性質の山なのか、そしてどこまで登るのかということが理解されていなければ、道具や方法は決まらないということです。

三　教育の国家主義と人間主義

子ども（人間）をよくしようとするのが教育ですが、人間観と目的観の考え方の違いによって、大きく異なる教育観が生まれてきます。一つは国家主義の教育であり、もう一つは人間主義の教育です。では、それぞれどのような特徴があるのか具体的に考えてみたいと思います。

(1)「国家主義の教育」の考え方

さて、教育は、人間のためのものに決まっているではないかといわれる人もいるかもしれません。しかし、この自明と思えることも、これまでの洋の東西の教育の歴史を吟味してみたとき、その「決まっている」ことが、実際にはそうではないことにすぐに気づくはずです。たとえば、日本の近代以降の教育を考えてみても、人間にとっての教育という関心が希薄であったことがすぐわかるはずです。

参考までに、十八世紀以来、子どもたちをよくしようという教育に、親よりも大人よりも圧倒的に巨大な力をもって、国家が乗り出してきました。これは世界的な現象でしたが、日本ではご存じのように、明治以来の近代国家へのスタートという事情もあって、とくに著《いちじる》しく生じたと思われます。ここから、本来は久しく親たちと大人たちとの問題であったはずの教育について、それとは違った特異な考え方が一般化してきます。

それは、教育といえば、何よりもまず、国家が国民に対して制度的に執り行う、国力の発展と繁栄のための働きかけという了解です。国家の繁栄を目的とする膨大な投資が行われ、教育の仕事は、国家の定めた基準に則って、組織的・能率的に行われることになります。こうして国民は、こうした制度の中に生まれ、育ち、それなしの生活を考えることもできなければ、企《くわだ》てることもできないようになり、しかも、教育は「受ける」もの、上から与えられた知識などを「覚える」ものという考え方が定着します。

つまりそれは、〝人間〟にとっての教育というよりは、むしろ、〝国家〟にとっての教育であるということです。言い換えれば、国家が自国の繁栄を第一と考え、その実現のために、人間は国家有為の人材であり、国家がイメージした理想像に向かって作られる存在と考えられ、教育は時の政府による政治的コントロールのもとで国家の経済的・軍事的発展のための手段と化し、学校もそれを実現するためのいわば生産工場のように見なされてきたということです。こうした教育を、いわゆる「国家主義の教育」と呼ぶことができると思います。

（2）「人間主義の教育」の考え方

しかし、こうした国家主義の教育とは、まったく別な考え方があります。それは、簡単に言えば、国民一人一人は人間として皆よく生きようとする存在であり、生涯にわたって考え続け、学び続け、創造していく存在であるという人間観であり、また教育の目的は究極的なゴールとしての完成ではなく、完成させ、仕上げ、磨き上げる不断の過程（プロセス）であり、それは生きた目的であるということです。つまり、どこまでも「よさ」を求め続けていくということです。人間はそれぞれが連続的成長への欲求や学びの働きを備え、どこまでも「よさ」を求めて生きているのであり、互いにそれを認め、活発に働くように促していこうという教育の考え方です。こうした考え方を、「人間主義の教育」と呼べると思います。

ちなみに、人間観について面白い研究があります。

近年、脳科学や生物の進化への関心から、人間を解明していこうとする研究が発達していることはご存じのとおりです。その中で人間の認知脳には、「感性的機能で古い脳（大脳辺縁系）」と「知性的機能で新しい脳（大脳新皮質系）」があり、前者は「よりよく生きる」力を発揮するために、物象の中から内的価値観を創り出す働きがあることがわかってきました。一方後者は、物事を知的・合理的に行って生きる働きをしています。また、生物の進化についても、単に本能的に進化していくというより、むしろTTG（tropism toward goodness）、つまり「よりよく生きようとする生物的趨勢《すうせい》」をもって進化しているのであり、すでに生物の仕組みの中に組み込まれているという考え方が研究により実証されてきています。

さらに人権の観点から考えれば、人間は誰もが「訴え」的存在という考え方があります。だれもが等しく人間らしい生活を送ることを願い求めて訴え、主張する権利があるという考え方です。たとえば、ノーベル平和賞を受賞したマララさんの次の訴えは、まさに人間の根源にかかわる教育の問題といえます。

「肌の色、言語、信仰する宗教は問題ではありません。互いに人間として尊重し、尊敬し合うべきです。私たちは子供の権利、女性の権利、あらゆる人権のために闘うべきです。

（中略）私には二つの選択肢しかありませんでした。一つは、声を上げずに殺されること。もう一つは、声を上げて殺されること。私は後者を選びました。当時はテロがあり、女性は家の外に出ることが許されず、女子教育は完全に禁止され、人々は殺されていました。当時、私は学校に戻りたかったので声を上げる必要がありました。」（二〇一四年十月、ノーベル平和賞受賞決定時のスピーチ）

（3）両者の違い

では、「国家主義の教育」と「人間主義の教育」の違いはどのような点にあるのでしょうか。もうすでに明らかであろうと思いますが、改めて教育における人間観、目的観、そして国家観の考え方を通して整理してみましょう。

まず、人間観についてですが、「国家主義の教育」の場合は、人間がいわば自己目的として、つまり一人の人格としては見られていないということです。また、快苦の原理によって、しかるべき手立てを用いて、特定の目的に向かって効果的に作られるべき存在、つまり功利主義的な立場からの人間観であるということです。

それに対して「人間主義の教育」の考え方は、人間は単に快苦を原理として生きる以上に、同時に必ず「よく」生きることを求めないわけにはいかない存在という考え方です。

第二の目的観では、「人間主義の教育」が一人一人の人格を認めて、どこまでも自己実現をめざしていくプロセスを重視しているのに対して、「国家主義の教育」は、国家が一律に特定の理想的人間像を掲げて、それを目的として教育していこうとする考え方です。我が国の戦前の「忠良の臣民」などは典型的なものです。

第三の国家観についてですが、「国家主義の教育」の場合、まず国家の利益を先立てて人間を考える、いわば絶対主義的国家観に立っています。一方、「人間主義の教育」の場合は、一人一人の人間を先立てて国家を考える、いわば民主主義的国家観に立っています。

(4) 現代日本の教育の問題

以上のような二つの対極的な考え方から、とくに我が国の戦後教育の歴史を振り返ってみるとどうでしょうか。

日本は、「人間主義の教育」の萌芽が見られても、すぐに「国家主義の教育」に転換してしまう傾向が歴史的に見られます。たとえば、大正自由教育から昭和前期の軍国主義教育、あるいは昭和二十年代の経験主義的教育から昭和三十年代の国家統制などはその典型です。近年のゆとり教育にしても、あれは理念としては重要なことではありますが、あくまで上から与えられた「ゆとり」であると私は考えていますし、多くのカリキュラム改革がなされたものの、本質的な意識改革までには至らなかったといえます。歴史は繰り返すといいますが、その後は学力低下問題などにより、国家主導の教育が再度強まっていったといえます。また、「ブラック企業」とまでいわれる教職員の労働環境を見ても、依然として一人一人の子どもや教師を大切に考えているとはいえない状況が続いてきていると私は思います。

四　創価教育の精神の特徴

そうした中で私は、『創価教育学体系』や『人生地理学』を著し、創価教育学会を創設した牧口常三郎初代会長を少し研究して、『潮』などの雑誌に執筆させていただきましたが、公明党やそれを支援する創価学会の皆さまの教育についての考え方は、一貫した人間主義に基づいているといえます。具体的には次のとおりです。

(1) 人間の観方

創価教育の精神の特徴であり、最も根幹をなす考え方が人間の観方、つまり人間観です。では、創価教育の人間観を初代会長の牧口氏を通して見てみたいと思います。

(a)「価値創造力の豊かなるもの」としての人間

初代会長の牧口氏は、『創価教育学体系』の中で、人間について、あるいは子どもについてさまざまな表現をしています。その中でも、とくに象徴的な言葉の一つが、ご存じのとおり、「価値ある人格とは価値創造力の豊かなるもの」(『牧口全集』五:一三頁)という言葉です。

これに関して、また別に次のようにも表現しています。

「人間は自然の力及び物質を増減することは出来ない。けれどもそれを支配して価値を

創造することは出来る。独創といひ発明といふのはこれを意味する。」(同前、一九六頁)

牧口氏は、「利」「善」「美」の三価値をもって価値論の根幹としました。また、価値を価値たらしめているものは「生命」であるとして、人間の生命の伸縮に関係のない性質のものに価値は生じないのであり、したがって、価値は人間の生命と直接関係していると言います(同前、二九三頁)。

すなわち、人間の生命にとってプラスになるものは「有価値」であり、マイナスになるものを「反価値」と呼んでいます。この考え方はきわめて合理的であるとともに、スケールの大きい価値のとらえ方であり、至極明解な表現といわなければなりません。

(b)「共存共栄を図る社会生活者」としての人間

こうした「価値創造力の豊かなるもの」としての人間というとらえ方とあわせて、牧口氏は、社会生活の中における人間というとらえ方もしています。それについて具体的に次のように述べています。

「私生活許《ばか》りを意識して、一向公生活の恩恵を意識せずに暮《くら》して居るものが多い。従って権利だけは遠慮なく主張はするが、義務に就《つい》ては全く無頓着に暮して居る。その者を教育して公生活即ち社会生活を意識せしめ、之に順応して自他共に、個人と全体との、共存共栄を為し得る人格に引き上げんとするのが教育である。」（同前、一四三頁）

これは、現代でも通じる内容だと思います。このように牧口氏は、「価値創造者」として独立した個人的存在としての人間と、「社会生活者」としての人間という両面から人間をとらえていることがわかります。

（2）教育の目的

こうした「価値創造力の豊かなる存在」としての人間と、共存共栄を図る社会生活者としての人間の生きる目的とは何か。それを牧口氏は「幸福」とはっきりと表現しています。「幸福」とは、「万人共通の生活目的」（同前、一二三頁）であって、「これ以外に表現の仕様がない」（同前）ものであり、また「利己主義の幸福ではなく（中略）社会と共存共栄」した幸福でなければならないと説明しています（同前、一二九頁）。また、ノーベルの言葉「遺産は相続することが出来るが、幸福は相続する事は出来ぬ」を引用しています（同前、一三一頁）。

したがって、人生とはまさにこの幸福をめざしての「価値創造の過程」（同前、二一四頁）ときわめて重要な指摘をしています。この考え方は、人間の生活を基盤としてとらえ、子どもの「成長」のプロセスを重視して教育を考えていたデューイの考え方に近いものと考えられます。事実牧口氏は、デューイの言葉を引用して次のように述べています。

「被教育者の生長発展を幸福なる生活の中に終始せしめんとするのでなければならぬ。ヂヨン・ヂユイー《（ジョン・デューイ）》氏が『生活のために、生活に於て、生活によつて』というたのは吾々教育者の味《あじわ》ふべき語である。」（同前、二二四頁）

（3）地域を足場にした教育実践と対話の重要性

以上、創価教育の考え方の根幹となる人間観、目的観を見てきましたが、それ以外に、私が注目した素晴らしい考え方を二つ紹介したいと思います。一つは地域を足場にした教育実践であり、もう一つは対話を重視しているということです。

池田名誉会長は、牧口初代会長生誕百四十一周年記念提言として「持続可能な地球社会への大道」を発表されました。この中で、一人一人が地域を足場に持続可能性を追求する担い手となれるよう、「エンパワーメント」から「リーダーシップの発揮」までの一貫した意識啓発を進めるための教育枠組みの制定を求めています。具体的には、二〇〇五（平成十七）年から国連が進めてきた「持続可能な開発のための教育の十年」を発展的に継承する形で、二〇一五（平成二十七）年から「持続可能な地球社会のための教育プログラム」を開始するよう提案しています。

その中で、「地域を足場にした教育実践」の重要性を強調しています。つまり、牧口初代会長の「郷土科」の意義について述べ、「『地を離れて人無く人を離れて事無し』（＝吉田松陰の言葉）との思想を背景としながら、あらゆる学科の中心軸――いわゆるコア・カリキュラムに、子どもたちが実際に生活している地域の風土や営みを〝生きた教材〟として学ぶ『郷土科』を据えることを提唱」しました。これは、地域を活性化していくための基盤となる教育だと思います。

そして、「地域」を足場にした教育を進めるための重要な観点として、次の三点を挙げられています。

一、地域の風土や歴史を知識として学ぶだけでなく、そこで育《はぐく》まれてきた郷土を愛し大切に思う心を受け継ぐための教育。

一、地域の人々の生産や経済活動を含め、自分を取り巻く環境がもたらす恩恵を胸に刻み、その感謝の思いを日々の行動に還元することを促す教育。

一、これから生まれてくる世代のために何を守り、どんな社会を築けばよいのか、地域の課題として共に考え、自身の生き方の柱に据えていくための教育。

これら三つの観点に基づいて、「地域を舞台に共に学び合う機会」を構築していくことが重要であるという考えです。地域全体を巻き込む形で、さまざまな人々の思いを共有し合う場となり、世代から世代へと思いを受け継がせていく「生涯学習」の場になっていきます。

そのための最も重要な方法手段となるのが「対話」です。池田名誉会長は、「(=対話は) 新たな価値を創造しゆく作業」と述べています(『随筆　栄光の朝《あした》』聖教新聞社、二〇一〇年、七八頁)。「対話」というものは、単にフォーマルな場におけるものだけをいうのではないと思います。むしろ友達同士が気軽に自由闊達《かったつ》に語り合う和《なご》やかな集いの中にもあるはずです。公明党でも創価学会でも、全国いたるところで小グループの集いや座談会を実施されていますが、これはまさにそうした実践であろうと思います。

五　公明党のこれまでの活動と公約についての私見

(1) 公明政治連盟と基本要綱、基本政策

ところで、今回の講演にあたり、二〇一四(平成二十六)年に発行された『大衆とともに——公明党50年の歩み』(公明党機関紙委員会)を読ませていただきました。これを拝読して、改めて人間主義に基づく教育の考え方が公明党の中に脈々と貫かれていることがわかりまし

た。

一九六二（昭和三十七）年一月に基本要綱と基本政策が発表され、「政治理念として、『社会の繁栄が即個人の幸福と一致する』諸政策を推進して、国民の幸福、繁栄、世界人類永遠の平和実現を期す、としている。そのためにも、『立正安国』の精神を持ち、仏法の哲理と慈悲を基調とし、民主的政治団体として活動する、と宣言」しています（二八頁）。同年九月には、東京・豊島公会堂で第一回全国大会が開催され、池田会長の「大衆とともに語り、大衆とともに戦い、大衆の中に死んでいく」という理念が共通の精神となっていったわけです（同前、三二～三三頁）。

（2）公明党の結成

さらに、東京オリンピックが開催された一九六四（昭和三十九）年に公明党が誕生しました。そして、党綱領として、次の四点が掲げられました（同前、三七頁）。

①宇宙時代にふさわしい世界観、恒久平和への新しい指導理念としての王仏冥合《おうぶつみょうごう》の理念※1

と地球民族主義により、世界の恒久平和の礎《いしずえ》を築く

②豊かなる人間性の尊重を基調とする人間性社会主義によって、個人の幸福と社会の繁栄が一致する、大衆福祉の実現

③仏法民主主義、すなわち人間性尊重を基調とした民主主義基盤をつくり、現代社会のあらゆる階層のいっさいの民衆を包含しうる大衆政党として、大衆とともに前進する大衆政党を建設

④腐敗選挙を徹底的に追放し、腐敗政治と断固戦い、公明なる議会制民主主義を確立

当時、自民党は〝財界・大企業の代弁者〟と見られ、一方社会党は〝労働組合中心の党〟と目《もく》されていて、庶民・大衆の利益を第一とする政党が存在しなかった中にあって、「あらゆる階層のいっさいの民衆を包含しうる大衆政党」を旗印として中道主義の政党として進むことになったわけです。これは、現在でもこの方向性は変わらないと思いますし、与党に入られている公明党は、財界や大企業の代弁者とならないで、しっかりと大衆や弱者といわれる人たちへの関心を持って、自民党のブレーキ役に徹してくださっているものと信じていま

す。

(3) 市民相談活動の実施によるさまざまな施策実現

こうした中道主義を貫く公明党は、短期間のうちに急速に躍進していくわけですが、それは、誰もがよりよく生きようとしているという確固とした人間信頼のもとに、常に大衆あるいは弱者といわれる人々に寄り添っていった結果であると考えられます。

そして、短期間に大衆のためのさまざまな実績を上げてきたわけです。具体的には、以下のような内容です。

・義務教育の教科書の無償化　・児童手当　・パート減税
・乳幼児の医療費無料化　・小児医療の負担軽減　・救急救命士の創設
・育児・介護休業制度の拡充　・マンモグラフィーの導入拡充
・不妊治療助成制度の創設　など

こうした多くのことが実現できたのは、やはり公明党の議員の皆さんが、大衆の生の声を政治に反映していこうとする熱意を持っているからだと思います。まさに、「真の民主主義」であり、「草の根民主主義」といえるでしょう。

【第五節・注】

※1　王仏冥合の理念とは、仏法の生命尊厳、慈悲の精神が、あらゆる人間の営み、文化の根底に定着すること。

六　現在の公明党の公約についての私見

では、残りの時間では、現在公明党が教育に関して公約として掲げている点についての私見を述べさせていただきたいと思います。

公明党が、「教育のための社会」があるべき姿だと考え、子どもたちに幸福をもたらす教育機会の確保に取り組んでいることは素晴らしいと思います。

（1）幼児教育の無償化の実現について（すべての三〜五歳児と住民税非課税世帯の〇〜二歳児）

まず、幼児教育の無償化についてです。公約では、二〇一九（平成三十一）年までにすべての幼児を対象とした幼児教育の無償化の実現をめざすとなっています（二〇一九年十月より実施）。

昭和四十年代の高度経済成長期に幼稚園無償化の動きがありましたが、財源の問題で実現されませんでした。今回もどのように財源を確保するのかがまず問題であろうと思います。また、依然として待機児童の問題がありますが、私が今懸念しているのは、保育士や幼稚園教諭の待遇の問題です。公立保育士などは公務員ということですが、大半の保育に携わっている者は私立に勤務しています。世界的に見た場合、日本の保育士や幼稚園教諭は、どちらかというと軽視されているように思われます。

私ども作新学院でも、短期大学部の幼児教育科で保育士や幼稚園教諭を養成していますが、低賃金であり、結婚と同時に肩を叩《たた》かれ退職するケースが多く見られます。また、再び幼児教育機関に勤めたいという免許取得者の再就職率も低い状況です。具体的には、若者の離職者が多く、三十歳未満は七一％です。ちなみに小学校では七％です。また、離職者の再就職も少なく約一四％で、小学校は二六％となっています。

作新学院大学は五つの自治体と連携協定を結んでおりますが、真っ先に要望されるのが保育士の確保にかかわることです。自分のところに将来保育士として来てくれる学生に対して、奨学金を出している自治体も多くなっています。

また、本学では「わいわいひろば」という場を設け、地域の子育て中の親に対しての保育相談を実施しています。今後は、自治体の幼児教育センターや子育て相談体制を充実させたり、幼児教育アドバイザーの配置を積極的に検討していくことも大切であると考えます。

あわせて、二歳児受け入れの促進、幼稚園から認定こども園への移行を積極的に進めていっていただきたいと思います。

（2）私立高校授業料の実質無償化（年収五百九十万円未満）

次に私立高校授業料の実質無償化についてです。現在、就学支援金により公立高校の授業料は実質無償化（年収九百十万円未満）されていますが、私立高校の授業料は公立の約四倍にも上り、家計負担は重くなっています。公私格差を是正し、私立高校生等の負担軽減を図るため、年収五百九十万円未満世帯を対象に、一九年までに私立高校授業料の実質無償化をめざすことは大変結構だと思います(二〇二〇年四月に実現)。

日本は依然として官尊民卑の考え方が根強いです。同じ日本国民として税金を納めているわけであり、しかも高校進学率もほぼ一〇〇%となっている今日、当然のことであると考えます。

(3) 給付型奨学金・授業料減免枠の拡大

第三は、給付型奨学金・授業料減免枠の拡大についてです。すでに、家庭の経済的状況にかかわらず、誰でもが大学等へ進学できるよう、長年訴えてきた返済不要の「給付型奨学金」が実現しました。一八年度の本格実施以降も、その給付額・対象枠を拡充するとともに、授業料減免の拡充をめざし、有利子から無利子への流れを加速させるとしています。

これは、大変重要な公約であると考えます。二人に一人が大学に行く時代、しかも現在母子家庭なども多い現状を考えると必要不可欠です。今後、対象人数の増加や給付型奨学金の増額の実現をお願いしたいと思います。日本では政府による日本学生支援機構の奨学金がこれまで貸与のみであったこともあって、教育ローンの比率がとても高く、給付型奨学金の比率はＯＥＣＤ諸国の中で最低となっています。

これまでの奨学金が貸与中心であることに加えて、日本は大学授業料が国際的に見て高く、一方で教育費に対する公的負担が低いといわれます。教育費のうちの民間負担率はＯＥＣＤ平均三〇・八％に対し、日本は二倍以上の六五・五％にも達しています。

給付型奨学金を拡充するための財源をどこに求めるのかということは先の幼児教育、高校などの無償化とも同様ですが、消費税増税の一方で進められてきた所得税の累進性緩和の方針を転換し、富裕層への課税強化によって行うことも一つの方策として考えられるのではないかと思います。給付型奨学金の目的は、何よりも出身家庭の経済力による教育機会の格差を是正することにあります。その目的に照らし合わせても、富裕層への課税によって財源をまかなうことは、最も理にかなっているといえます。また、あわせて法人課税なども検討してもらいたいと思います。

奨学金制度は、今後制度を大きく改善することが必要不可欠です。奨学金返済は、返済困難による延滞者を生み出すばかりでなく、奨学金返済の負担によって「結婚できない」「出産できない」「子育てできない」若者を大量に生み出しています。深刻化する労働市場の劣化に加えて、奨学金という名の多額の借金を抱えていれば、結婚・出産・子育てはいずれも容易ではありません。多額の奨学金返済は未婚化と少子化を促進し、子育てを困難にします。

（4）教員の働き方改革、チーム学校の推進

現在、高校生の間で人気のない学部、学科が教育学系です。とくに景気がよい時代には企業などに流れる者も少なくありません。ですから今は経営学部や経済学部が人気があります。

この背景には、教員の働き方の問題があります。教員は歴史的に、聖職者であり、利益などを求めず常に奉仕的精神で行う者というイメージがあります。そのイメージはある意味大切ではありますが、それが度を越せばいわゆる現代の「ブラック企業」のようになります。事実そのように見ている人も少なくありません。

統計的にも、文部科学省が二〇一六年度に公立小中学校の教員を対象に実施した「教員勤務実態調査」によると、「過労死ライン」（時間外労働が月八十時間超）を上回る教員が小学校

で約三割、中学校で約六割に上っています。しかも、一九七一年に制定された「教職員給与特別措置法」（給特法）の規定により、公立校の教員には時間外労働の対価が払われません。教員の時間外業務は、「内容にかかわらず、教員の自発的行為として整理せざるを得ない」というのが文科省の公式見解です。このような異常な働き方は、教員自身の安全・安心を侵害するだけではなく、結果的に子どもをも脅《おびや》かすことになります。教員は日々業務に追われ、子ども一人一人に十分に向き合うことができなくなっています。政府が働き方改革を最重要課題に掲げる今、残業時間の上限設定など長時間労働抑制の仕組みづくりが、国や自治体に求められています。

それ以前にまず、せざるを得ない時間外の仕事を労働と認め、残業代を支払うよう給特法を改正することが重要です。教員の働き方改革を進めるために、教職員定数の抜本的な拡充や、学校運営に必要な多様な専門スタッフ等の配置を進め、「チーム学校」の実現を推進し、少人数学級と少人数教育を推進すべきです。

また、学校運営に必要な多様な専門スタッフや外部人材（民間指導者等）の活用を含めた部活動指導員、スクールロイヤー、スクールカウンセラー、スクールソーシャルワーカー、養護教諭、児童支援専任教諭等の配置を進め、体制整備を図ることも重要な課題といえます。

(5) 大学の機能強化について

さて、大学の機能強化についてですが、超少子高齢化の進展、第四次産業革命による産業構造の急激な変化、あるいは経済、教育、所得、地域の各格差問題等が喫緊の課題とされる現代社会において、今大学という存在自体の真価が問われています。すなわち、未知の諸問題に対して想像力と創造力を発揮し、多様な考えを持つ異分野の人々と協働し、コミュニケーション能力と主体性を発揮しながら新たな価値を創造し、課題解決を図れる総合的な「人間力」を養っていくことを中心として、学修者に対する教育の質保証やガバナンスの強化、情報の開示、学び直しの体制の充実などを前提とした大学独自の改革が求められているということです。

平成二十九年度学校基本調査報告書によれば、大学全体の総数は国立大学(八十六校)、公立大学(九十校)、私立大学(六百四校)計七百八十校となり、そのうち私立大学の割合は七七・五%を占めています。このように我が国では、その約八割を占める私立大学(その内の約八割が地方私立大学）の存在と役割がとくに今問われており、それぞれの私大がどのような特色を出しながら改革を進めていくかは、日本の社会や教育における大きな課題であるといえます。

二〇一四（平成二十六）年に「まち・ひと・しごと創生法」が施行され、さらに内閣に同本部が設置され、地方の活性化の取り組みが積極的に展開されることになったことは周知のとおりです。その一つの具体的な取り組みが地方大学への支援であり、地方における若者の修学・就業の促進に向けて、地方創生に資する大学改革が本格的に求められることとなりました。

こうした諸状況を踏まえ作新学院では、大学が三十周年、短期大学部が五十周年を迎えるのを機に、「作大・作短長期ビジョン２０３０」を策定し、とくに今年度（二〇一八年）は「作新民」（時代の変化に対応し、自らを常に新しくできる人材を育てること）という建学の精神に基づき、独自の研究ブランディング事業を立ち上げ、学長主導のもと、「生涯活躍」の人を創る研究と活動を実践する作新学院大学・作新学院大学女子短期大学部をブランドイメージとしました。

具体的には、地域に提供する本学の教育研究基盤の特色として、「健康」を共通テーマに据え、経営（県内唯一の博士後期課程まで設置）、スポーツ（四つのプロスポーツチームとの連携等によるスポーツビジネス、健康マネジメント）、教育（小学校教諭免許と特別支援学校教諭免許を両方取得）、心理（県内唯一の臨床心理士、国家資格としての公認心理師養成）、保育（幼保一体化の免許資格取得）を横断的に連携させて事業を展開することによる地域貢献をめざしています。とくに、①地域の健康社会を創る研究に着手し、②地域の健康社会を創る基礎講座の開講活動と応用分野の拠点活動を二つの柱として、自治体や企業などと連携協力しながら展開していきます。

また、その他の特色においても、現在、本学は県内の五つの自治体および九つの高等学校などと連携協定を結び、学生の就業インターンシップやフィールドワーク、ボランティア活動を実践しており、学内では少人数制を中心とした課題発見・課題解決型授業の実施、キャリアアップ、リカレント教育などによる学び直しの体制の充実に力を入れています。さらに地域貢献の一環として、減災・リスクマネジメント事業部会を中心として、大学で行う県内唯一の防災士養成研修講座の開講や、学生消防団の結成などにより防災への啓発を図っています。

今後私立大学が社会的に信頼される存在となるためには、確固たる建学の精神のもと、独自の教育方針や内容をステークホルダーや社会にしっかりと明示し、地域に役立つ人材を多く輩出して地域貢献していく、この一点にかかっていると考えます。

公明党は、大学など高等教育機関について、グローバル化、地域再生、活性化への対応、イノベーション創出機能の強化、女性・若手・外国人研究者の活用拡大等に向けた改革を推進しています。これらの改革を進める国立大学に対して、その機能強化を加速するため、基盤的経費である国立大学運営費交付金を充実するなど、積極的に支援するとしていますが、私立大学の役割というものを十分理解して、地方創生を推進していっていただきたいと思います。

参考文献一覧

【創価学会三代会長著作】

『牧口常三郎全集』第一巻、第三文明社、一九八三年。
『牧口常三郎全集』第五巻、第三文明社、一九八二年。
『牧口常三郎全集』第六巻、第三文明社、一九八三年。
『牧口常三郎全集』第七巻、第三文明社、一九八二年。
『牧口常三郎全集』第八巻、第三文明社、一九八四年。
『戸田城聖全集』第一巻、聖教新聞社、一九八一年。
『戸田城聖全集』第三巻、聖教新聞社、一九八三年。
『池田大作全集』第一巻、聖教新聞社、一九八八年。
『池田大作全集』第二十二巻、聖教新聞社、一九九四年。

『池田大作全集』第百一巻、聖教新聞社、二〇一一年。

『池田大作全集』第百七巻、聖教新聞社、二〇〇三年。

池田大作『希望の世紀へ　教育の光』鳳書院、二〇〇四年。

池田大作『教育の世紀へ――親と教師に贈るメッセージ』第三文明社（レグルス文庫）、二〇一一年。

池田大作『新・人間革命』第七巻、聖教新聞社、二〇〇二年。

池田大作『新・人間革命』第十二巻、聖教新聞社、二〇〇四年。

池田大作『新・人間革命』第二十四巻、聖教新聞社、二〇一二年。

池田大作『新・人間革命』第二十七巻、聖教新聞社、二〇一五年。

池田大作『随筆　栄光の朝《あした》』聖教新聞社、二〇一〇年。


【その他】


「池田大作の軌跡」編纂委員会編『池田大作の軌跡1――評伝　平和と文化の大城』潮出版社、二〇〇六年。

「池田大作の軌跡」編纂委員会編『池田大作の軌跡2――評伝　平和と文化の大城』潮出版社、二〇〇七年。

公明党史編纂委員会編『大衆とともに――公明党50年の歩み』公明党機関紙委員会、二〇一四年。

創価学会教育本部編『教育の目指すべき道――教育実践事例一〇〇〇〇件』鳳書院、二〇〇〇年。

創価学会教育本部編『輝く子どもと人間教育――「教育のための社会」へ』鳳書院、二〇〇六年。

創価学会教育本部編『共生の世紀へ　環境教育への挑戦』鳳書院、二〇〇七年。

創価学会教育本部編『池田名誉会長の指針　わが教育者に贈る』聖教新聞社、二〇一五年。

「創価教育の源流」編纂委員会編『評伝　牧口常三郎　創価教育の源流　第一部』第三文明社、二〇一七年。

多田孝志『対話力を育てる』教育出版、二〇〇六年。

夏目漱石『私の個人主義』講談社学術文庫、一九七八年。

『福澤諭吉全集』第四巻、岩波書店、一九五九年。

村井実『原典による教育学の歩み』講談社、一九七四年。

村井実『ソクラテスの思想と教育』玉川大学出版部、一九七二年。

村松賢一『21世紀型授業づくり17　対話能力を育む話すこと・聞くことの学習――理論と実践』明治図書、二〇〇一年。

吉田松陰『講孟余話』廣瀬豊校訂、岩波書店、一九四三年。

アーノルド・S・M・ヒーリー『現代の成人教育――その思想と社会的背景』諸岡和房訳、日本放送出版協会、一九七二年。

『ゲーテ全集』第二巻、人文書院、一九八二年。

ジャン・ジオノ『木を植えた男』寺岡襄訳、あすなろ書房、二〇一五年。

ジョン・デューイ『民主主義と教育』帆足理一郎訳、春秋社、一九五〇年。

ネルソン・マンデラ『自由への長い旅――ネルソン・マンデラ自伝』下巻、東江一紀訳、日本放送出版協会、一九九六年。

初出一覧

第一章――『人間教育の探究』第四章（東洋館出版社、二〇〇六年）、「牧口常三郎の教育思想と先見性―『創価教育学体系』を手がかりとして―」（『宇都宮大学教育学部紀要　第一部』第五七号、宇都宮大学教育学部、二〇〇七年）、「人間のための教育を考える――今こそ創価教育に学ぶ（上）」（『潮』二〇〇六年十一月号、潮出版社）などの原稿を元に再構成。

第二章――「新時代を拓く創価教育――三代にわたる精神の継承（上・下）」（『潮』二〇〇七年十・十一月号、潮出版社）。

第四章――第一節は「創価教育『実践記録運動』の広がり」（『潮』二〇一二年十二月号、潮出版社）に加筆し、再構成。

※第三章は未発表原稿、第四章第二節と第五章は講演録。

※章末に収録のコラムの初出については、各コラムの文末に記載。特に記載のないものは未発表原稿。

渡邊 弘（わたなべ・ひろし）

1955年、栃木県生まれ。慶應義塾大学文学部社会・心理・教育学科教育学専攻卒。同大学大学院社会学研究科教育学専攻修士課程修了。82年、同大学大学院社会学研究科教育学専攻博士課程中退。博士（教育学）。作新学院女子短期大学部助教授、慶應義塾大学文学部非常勤講師、宇都宮大学教育学部教授（学部長・研究科長、附属小学校長兼務）、作新学院大学人間文化学部教授（学部長）などを経て、2017年、作新学院大学学長・作新学院大学女子短期大学部学長。20年、学校法人ねむの木学園理事。1994年、国民学術協会賞受賞。

＜主な著書＞

『宮城まり子とねむの木学園――愛が愛を生んだ軌跡』潮出版社、2021年。

『人間教育のすすめ』東洋館出版社、2016年。

『「ちゅうくらい」という生き方――俳人一茶の思想はどこからきたか』信濃毎日新聞社、2015年。

『一茶とその人生』NHK出版、2014年。

『これだけは知っておきたい道徳授業の基礎・基本』川島書店、2012年。

『人間教育の探究【改訂版】』東洋館出版社、2010年。

『学校道徳教育入門』東洋館出版社、2007年。

『俳諧教師小林一茶の研究』東洋館出版社、2006年。

『一茶・小さな〈生命〉へのまなざし――俳句と教育』川島書店、1994年。

『小林一茶――「教育」の視点から』東洋館出版社、1992年。

創価《そうか》教育《きょういく》と人間主義《にんげんしゅぎ》

2021年6月6日　初版第1刷発行

著　者　渡邊《わたなべ》　弘《ひろし》
発行者　大島光明
発行所　株式会社　第三文明社
東京都新宿区新宿 1-23-5
郵便番号 160-0022
電話番号 03-5269-7144（営業代表）
03-5269-7145（注文専用）
03-5269-7154（編集代表）
振替口座 00150-3-117823
URL　https://www.daisanbunmei.co.jp

印刷・製本　藤原印刷株式会社

ISBN 978-4-476-03394-6